MARCO POLO

RUHRGEBIET

NIEDERLANDE
Nordrhein-Westfalen
Ruhrgebiet
Essen — Dortmund
Düsseldorf
Köln
BELGIEN
Hessen
LUX. Rheinland-Pfalz Mainz
Luxembg. Saarland
Saarbrücken
FRANKREICH
Baden-Württemberg
Hannover
Niedersachsen
Magdeburg
Sachsen-Anhalt
Erfurt
Thüringen
Wiesbaden
Frankfurt/Main
Bayern
Potsdam
Brandenburg
Sachsen
Dresden
Prag
TSCHECHIEN
Donau

Reisen mit Insider Tipps

> Das „Revier" ist eine total span-
> nende Region mit einem riesigen
> kulturellen Angebot: Theater,
> Ausstellungen, Konzerte – oft
> präsentiert an ungewöhnlichen
> Locations.
> *MARCO POLO Korrespondentin*
> *Andrea Hamm*
> (siehe S. 142)

W0178620

Spezielle News, Lesermeinungen und Angebote zum Ruhrgebiet:
www.marcopolo.de/ruhrgebiet

RUHRGEBIET

INHALT

> SZENE

S. 12–15: Trends, Entdeckungen, Hotspots! Was wann wo im Ruhrgebiet los ist, verrät der MARCO POLO Szeneautor vor Ort

> 24 STUNDEN

S. 108/109: Action pur und einmalige Erlebnisse in 24 Stunden! MARCO POLO hat für Sie einen außergewöhnlichen Tag in Dortmund zusammengestellt

> LOW BUDGET

Viel erleben für wenig Geld! Wo Sie zu kleinen Preisen etwas Besonderes genießen und tolle Schnäppchen machen können:

Machen Sie frische Schnäppchen auf Dortmunds Multikulti-Markt S. 56 | Billiges Brunchbuffet auf Burg Blankenstein S. 70 | Tierisch: Der Zoo in Recklinghausen kostet nix! S. 78 | Wenig Geld dabei? Schlafen im Heu! S. 100

> GUT ZU WISSEN

Was war wann? S. 10 | Spezialitäten S. 26 | Der Name der Zeche S. 40 | Blogs & Podcasts S. 52 | Bücher & Filme S. 94 | www.marcopolo.de S. 118 | Was kostet wie viel S. 119 | Wetter S. 120 |

AUF DEM TITEL
Unterwegs auf der Route der Industrienatur S. 104 Kreative öffnen ihre Ateliers S. 14

ENTDECKEN SIE DAS RUHRGEBIET!

Unsere Top 15 führen Sie an die traumhaftesten Orte und
zu den spannendsten Sehenswürdigkeiten

Die Highlights sind in der Karte auf dem hinteren Umschlag eingetragen

 Jahrhunderthalle
Eine Ausstellungshalle von 1902
wurde zu Bochums Kulturtempel.
Seit 2003 liegt hier der Festival-
schwerpunkt der Ruhr-Triennale
(Seite 32)

 Halde Prosper-Haniel
Bottrop: In 100 m Höhe auf dem
Haldengipfel liegt inmitten einer
schwarzen Wüste ein Amphitheater, mystisch umrahmt von
105 Totem-Skulpturen (Seite 35)

 Tetraeder
Die begehbare Riesenskulptur in
Bottrop ist das neue Wahrzeichen
des Reviers. Aussichtskanzeln in
der Stahlpyramide bieten tolle
Ausblicke (Seite 35)

 Landschaftspark Duisburg-Nord
Klettern, Tauchen, Konzerte und Theater:
Auf dem riesigen Areal des alten Hüt-
tenwerks haben Freizeit und Sport die
Maloche abgelöst (Seite 43)

 Zeche Zollverein
Diese Kathedrale der Industriekultur in
Essen ist auch Unesco-Welterbe
(Seite 47)

 Villa Hügel
Im größten Einfamilienhaus des
Ruhrgebiets in Essen residierte
die Familie Krupp (Seite 48)

 Veltins-Arena
Ein Fußballstadion der Superlative mit
modernster Technik in Gelsenkirchen
(Seite 53)

> DIE BESTEN MARCO POLO HIGHLIGHTS

WAS FÜR EINE REGION!

Essen, Baldeney-See

AUFTAKT

> Wir müssen Sie enttäuschen: Rußschwarze Gesichter sehen Sie hier nicht in den Fußgängerzonen und Kneipen. Aber das bleibt die einzige Enttäuschung – versprochen! Eine Region im Wandel – Spannenderes werden Sie zwischen Meer und Alpen kaum finden! Theater in Bochums Jahrhunderthalle, Lichtkunst in der Linden-Brauerei in Unna, Ausstellungen im Gasometer Oberhausen: Die ganze Palette der Industriekultur zeigt sich jeden Sommer in der grandiosen Nacht-Inszenierung „Extra-Schicht". Eine dichte Kulturszene, gekrönt von Natur satt: Flüsse, Seen, Kanäle und mit der Haard eines der größten Waldgebiete der Republik.

> „München und Hamburg sind dir völlig schnuppe. Lieber auffem Gasometer im Sturmesbrausen, und alles, watte wills, is Oberhausen ...“ so beschreiben die Kabarettistinnen Stefanie Überall und Gerburg Jahnke, früher bekannt als die „Missfits“, musikalisch den ergreifenden Blick aus 110 m Höhe von der höchsten „Blechdose“ Europas auf das Ruhrgebiet. Dieser Liebeserklärung an die Region können mittlerweile viele Menschen folgen. Das Ruhrgebiet ist längst nicht mehr das Aschenputtel. Es hat sich gewaltig geändert.

Doch zunächst ein Blick zurück: Landschaft und Natur des Ruhrgebiets wurden vor gut 150 Jahren für das schwarze Gold geopfert. Der Ausverkauf des Landstrichs für Bergbau, Eisen und Stahl verwandelte die damalige Heide- und Bruchlandschaft unglaublich schnell, sehr gründlich und sehr nachhaltig. Die Industrialisierung setzte im mittleren Ruhrgebiet sehr spät ein, schließlich lag die hochwertige Kohle tief, über 1000 m unter dem Erdboden. Die Abbautechnik dazu musste erst allmählich entwickelt werden. Mit all den technischen Neuerungen verliefen die Ausbeutung, Zerstörung und der Fraß an der Landschaft entlang des einst lieblichen kleinen Flusses Emscher umso brutaler und rücksichtsloser.

> „Alles, watte wills, is Oberhausen ...“

Was einerseits zerstörte, brachte andererseits Arbeit für die einen und Reichtum für die anderen. Die Krupps, die Thyssens und Haniels – sie vereinten das Kapital auf sich, den breiten Rest der Bevölkerung bildeten die in der Schwerindustrie Beschäftigten. Hunderttausende kamen Ende des 19. Jhs., um hier zu arbeiten, meist Männer aus den preußischen Ostprovinzen und aus Polen. Die Bevölkerung verdoppelte sich

Schönes Beispiel für die Lebensqualität im Revier: Park der Gartenstadt Welheim in Bottrop

zwischen 1895 und 1913 von 1,5 auf 3,3 Mio. Menschen. Die Ortschaften wuchsen ineinander, ein zusammenhängendes Stadtgeflecht entstand.

Das Ruhrgebiet war das industrielle Herzstück, phasenweise auch die Waffenschmiede des Landes. Die durch die ausschließliche Ausrichtung auf die Montanindustrie (Bergbau und Verhüttung) entstandenen wirtschaftlichen Monostrukturen haben das Revier genauso oft boomen wie in sich zusammenfallen lassen. Dem letzten großen Zusammenbruch nach 1945 folgte das schleichende Ende der Montanära ab den späten 1950er-Jahren. In der neuen Demokratie hatten sich mittlerweile starke Gewerkschaften organisiert. Die Bilder der Arbeitskämpfe im Ruhrgebiet Ende der 1980er-Jahre, die den endgültigen Niedergang von Kohle und Stahl flankierten, sind noch im Gedächtnis. Doch die Konkurrenz billigerer Energieträger auf dem Welt-

markt war einfach zu groß. Mit dem Abriss von Zechen, der Verschrottung von Hochöfen und dem Sprengen von Schornsteinen verloren die Menschen ihre Identität. Nicht nur mit Schmutz und Zerstörung, sondern zudem noch mit Verlust von Arbeitsplätzen und Abhängigkeit von immensen Subventionen wurde das Ruhrgebiet in Verbindung gebracht. Und: Der einstige Stolz der Menschen auf ihre Leistung war gebrochen; die heimische Kohle spielte keine Rolle mehr.

> Industriekultur und viele Möglichkeiten zur Erholung

Das Ruhrgebiet hat nicht versäumt, in den letzten Jahrzehnten an seiner Zukunft zu basteln. Als erster Schritt zum Strukturwandel wurden Universitäten errichtet. Heute hat das Ruhrgebiet als größte Wirtschaftsregion Europas auch die dichteste Hochschullandschaft. Und während einerseits die Kohle subventioniert wurde, der Verlust von Arbeitsplätzen im Bergbau nicht mehr aufzuhalten war, setzte parallel die Entwicklung zur Dienstleistungsgesellschaft ein. Ein paar Zahlen: 2010 waren noch fünf Zechen aktiv, 1958 waren es 127. Der größte Beschäftigungssektor ist mit über 65 Prozent der Dienstleistungsbereich. Das Ruhrgebiet mit seinen 5,2 Mio. Einwohnern ist zu einer Region der Extreme und Kontraste geworden – überall begegnet man Vergangenheit und Zukunft, Geschichte und Gegenwart, oftmals sogar an ein und demselben Ort. Gerade diese Gegensätze faszinieren,

WAS WAR WANN?

Vor 300 Mio. Jahren Das heutige Ruhrgebiet ist ein Urwald aus Bärlapp und Schachtelhalm. Durch Überflutung wird diese Biomasse zusammengepresst. Kohle entsteht

8. Jh. Das Ruhrgebiet ist eine Agrarregion, nur entlang der Handelsstraße Hellweg entwickeln sich Ortschaften und Städte

1302 Erste Erwähnung des Kohlebergbaus an den Hängen des Ruhrtals

Ab 1832 Erste Tiefbauschächte nördlich der Ruhr entstehen

1850 Beginn der Massenproduktion von Roheisen. In der Gussstahlfabrik von Alfred Krupp werden Kanonen hergestellt

1904 Fußball wird zu einem beliebten Freizeitvergnügen. Der FC Schalke 04 wird gegründet

1920 Gründung des Siedlungsverbands Ruhrkohlebezirk, um den industriell bedingten Landschaftsverbrauch zu stoppen

Ab 1950 Aufbau von Sozialstrukturen und Gewerkschaften: Beginn der Mitbestimmung der Arbeiter

1958 Krise: Erdöl und Importkohle laufen der teuren Steinkohle den Rang ab

1965 Erster Schritt zum Strukturwandel: Die Universität Bochum wird eröffnet

Ende der 80er-Jahre Die Monopolstellung von Kohle und Stahl ist zu Ende

2001 Das Ruhrgebiet feiert sich und fährt die erste ExtraSchicht, die „lange Nacht der Industriekultur"

2010 Die Region beeindruckt als Kulturhauptstadt Europas: RUHR.2010

und so widmeten die Missfits eines ihrer Lieder Oberhausen, das wie so viele andere Städte hier in den letzten dreißig Jahren zum zweiten Mal sein Gesicht völlig geändert hat.

Der Blick vom Dach des Oberhausener Gasometers fällt auf Altes und Neues: auf ein gigantisch großes Einkaufs- und Freizeitzentrum, das CentrO, und nach Norden hin auf die Parkanlagen der Landesgartenschau von 1999. Nur der alte Förderturm der Zeche Osterfeld erinnert daran, dass hier bis 1993 Kohle gefördert wurde. Betriebsamkeit herrscht auf den sich kreuzenden Autobahnen, der Rhein-Herne-Kanal und die zum Abwasserkanal umgebaute Emscher verlaufen hier, überall kreuzen Bahnlinien – ein Wirrwarr einer zu industriellen Zeiten angelegten Infrastruktur. Nur am westlichen Horizont ist noch aktive Industrie zu sehen: Die Hochöfen verweisen auf Duisburg, den immer noch größten deutschen Standort für die Stahlproduktion.

Die Menschen hier sind offen, herzlich, unaufgeregt, direkt und unkompliziert. Toleranz ist ein weiteres Stichwort: Das Ruhrgebiet ist auch heute Heimat für Menschen aus den unterschiedlichsten Kulturkreisen. Man hat hier seit vielen Jahrzehnten Erfahrung mit dem Mit- und Nebeneinander von Kulturen. Auch neue Technologien konnten sich so in der Metropole Ruhrgebiet ansiedeln: In Gelsenkirchen ist ein wichtiger Produktionsstandort von Solarzellen entstanden. Ausgerechnet hier, wo Energieträger Nummer eins immer die Kohle war. Softwareentwicklung,

Entwicklung von Brennstoffzellen und Energiespeichern, Umweltschutz und Abwassertechnologie sind nur einige Bereiche, die Teil der Zukunft des Ruhrgebiets sind.

über – im Norden ins Münsterland mit seinen Wasserschlössern und im Süden in die liebliche Hügellandschaft des Bergischen. Kontrastreicher kann eine Urlaubslandschaft

Kleiner Plausch im Industriedenkmal: das Weltkulturerbe Kokerei Zollverein in Essen

Das Ruhrgebiet hält die überraschendsten Freizeit- und Naherholungsmöglichkeiten in der Industrielandschaft bereit und kann sich zu Recht als eine der dichtesten Kulturlandschaften Europas bezeichnen.

> **Die Menschen sind offen, direkt und unkompliziert**

Was vielen nicht bewusst ist: Der schwerindustriell geprägte Kern des Reviers geht an seinen Rändern zudem in eine reizvolle Landschaft

kaum sein. Irreparabel ist es zwar, was die Industrie hier angerichtet hat, und sicher sollte man auch nicht behaupten, es sei wunderschön zwischen Duisburg und Dortmund. Aber wer die Augen öffnet, entdeckt moderne, pulsierende Stadtlandschaften, in denen immer mehr Menschen mit der Vielfalt und den Widersprüchlichkeiten einer Region im Wandel weitaus unbelasteter und selbstverständlicher umgehen als gemeinhin abgebildet. Vieles ist neu, aber ohne das Alte nicht denkbar. Vielleicht eine Liebe auf den zweiten Blick …

▶▶ TREND GUIDE RUHRGEBIET

Die heißesten Entdeckungen und Hotspots! Unser Szeneautor zeigt Ihnen, was angesagt ist

Pablo Giese

lebt in Wanne-Eickel und kennt das Ruhrgebiet wie seine Westentasche. Der Student der Raumplanung hat sich ganz und gar der Bewegungskunst Parkour verschrieben. Was unseren Szene-Scout am Ruhrgebiet so fasziniert? Die authentische Art der Bewohner und die Masse, Qualität und Vielfalt von Veranstaltungen – wie die unzähligen Konzerte, Festivals und Ausstellungen – auf so engem Raum.

▶▶ DER MIX MACHT'S

Die Musiker wollen sich nicht mehr festlegen

Nicht mehr nur Elektro gibt den Ton an, sondern eine abwechslungsreiche Mischung aus Rock, Jazz, Hip-Hop etc. Beim Quartett *Feinkost Decker* trifft Kammermusik auf freien Jazz und Rock *(www.myspace.com/feinkostdecker*, Foto*)*. *Slowtide* aus Bochum steht für die Kombi aus Pop, Elektro und Indie *(www.slowtide.com)*, *Los Placebos* setzt auf den Mix aus karibischen Sound und Pop, Punk und Soul *(www.los-placebos.de)*. Die Live-Hotspots sind Bochums neuer *Untergrund Club* (Kortumstr. 101, *www.untergrund-club.de*) und das *FZW* in Dortmund *(Neuer Graben 167, www.fzw.de)*.

SZENE

▶▶ SAUNA MAL ANDERS

Individualität ist Trumpf

Wer hat's erfunden? Nein, nicht die Schweizer, sondern die Menschen aus dem Ruhrgebiet. In Sachen Schwitzen macht ihnen so leicht niemand etwas vor, und die Thermen der Region denken sich immer ausgefallenere Saunen aus. So ist z. B. die Erdsauna im *Maximare* ins Erdreich eingelassen und bringt bei 110 Grad garantiert jeden zum Schwitzen. Ein Kaminfeuer sorgt zusätzlich für Atmosphäre (*Jürgen-Graef-Allee 2, Hamm, www.maximare.com*). Die Baumhaussauna ist der heiße Hingucker im *Maritimo* (*Am Stimbergpark 80, Oer-Erkenschwick, www.maritimo.info*, Foto). In der 45 Grad warmen TV-Sauna der *Medi Therme* laufen Nachrichten und Sportübertragungen auf einer Leinwand (*Kohlleppels Weg 45, Bochum, www.meditherme-bochum.de*).

▶▶ ECO-DESIGN

Zweiter Frühling

Die Designer des Ruhrgebiets recyceln Materialien und kreieren daraus ungewöhnliche Stücke. So entwirft Bernd Dörr für sein Label *Zirkeltraining* ausgefallene Taschen aus dem abgewetzten Leder von Turngeräten und Turnmatten (*www.zirkeltraining.biz*, Foto). Alexandra Breitenstein recycelt Stoffe wie 70er-Jahre-Bettwäsche und -Vorhänge und schneidert daraus Röcke, Oberteile oder Schlafbrillen mit dem Aufdruck „Schotten dicht" (*www.alexotica.de*). Ihre Designs kauft man z. B. bei *Stückgut* in Bochum (*Königsallee 12, www.stueckgut-bochum.de*) oder in der Boutique *Rosig* in Dortmund (*Rosental 19, www.rosig-dortmund.de*).

▶▶ URBANER SPIELPLATZ

Parkour & Freerunning

Die Städte werden zum Abenteu-
erspielplatz: Beim Szenesport Parkour klettern Traceure über Mauern und Bauzäune, springen über
Treppen, Bänke und Mauern. Das
Ziel: auf möglichst direktem Weg
von A nach B zu kommen. *Parkour-
im-Pott e.V.* organisiert Workshops
und Events und vermittelt Kon-
takte zu lokalen Organisationen
(*http://parkour-im-pott.de,* Foto).
Die Gruppe *Exterminated* ist z. B.
im Landschaftspark Duisburg und
am Duisburger Innenhafen aktiv
(*www.exterminated.org*).   Noch

spektakulärer ist die Variante Freerunning: Hier stehen Akrobatik und Ästhetik im Vorder-
grund. Bei der Gruppe *Dynamic Concepts* aus Witten sind waghalsige Saltos und Flips an
der Tagesordnung. Die sechs Jungs sind auch in Liveshows und als Stuntdoubles im Einsatz
und bieten offene Trainings an (*www.3running.de*).

▶▶ SCHRÄGE KUNST

Ruhrgebiet kreativ

Je moderner, desto besser ist das Motto der
Kunstszene. Mit Videokunst, Installationen & Co.
machen die Künstler auf sich aufmerksam und
setzen Trends. So erschafft Bildhauer Gereon
Krebber aus Oberhausen Kunstwerke aus alltäg-
lichen Materialien (*www.gereonkrebber.net*).
Der Videokünstler Martin Brand aus Bochum
lässt sich von gesellschaftlichen Themen wie Ju-
gendkultur oder Identitätssuche inspirieren

(*www.martinbrand.net*). Die *Galerie Kabuth* zeigt zeitgenössische Kunst wie Installationen, Fotografie und Objektkunst (*Wanner Str. 4, Gelsenkirchen, www.galerie-kabuth.de*).
ART-isotope der *Galerie Schöber* fördert junge zeitgenössische Kunst (*Arneckestr. 42, Dortmund, www.art-isotope.de,* Foto). Hautnah erlebt man Kunst auch jeden ersten Donners-
tag im Monat im *Depot*. Dann öffnen die Kreativen die Türen ihrer Galerien und lassen sich
über die Schulter sehen (*Immermannstr. 39, www.depotdortmund.de*).

▶▶ TATORT RUHRGEBIET

Literarische Verbrechen

Das Krimifieber grassiert im Revier. Nicht zuletzt dank *Mord am Hellweg*, dem größten Krimifestival Europas, das eine literarische Regionalisierung ausgelöst hat. Krimiautoren und -fans treffen sich zu Lesungen, Performances und Krimidinners z. B. an Originalschauplätzen oder in der Justizvollzugsanstalt (*www.mord amhellweg.de*, Foto). Der Verein *Melange* (*www.melange-im-netz.de*) organisiert regelmäßig Lesungen in Restaurants und Kaffeehäusern wie z. B. im *Café Böhnchen* (Gablonzstr. 4, Dortmund) oder im *Café Meißner* (Ahnstr. 2–4, Gelsenkirchen). Praktisch: Den Krimi *Der Beuys von Borbeck* kann man sich für 2,99 Euro per SMS aufs Handy holen und dann auf dessen Spuren durch Essen wandeln (*SMS mit „Mb3borbeck" an 70670 senden, Infos unter www.mobilebooks.com/content/view/900/6/*).

▶▶ RETRO-NIGHTLIFE

AMBIENTE WIE IN DEN 70ER-JAHREN

In den hippsten Clubs scheint die Zeit stehen geblieben zu sein. Von Wänden und Decken grüßen die 70er-Jahre. Mit Live-Performances vor einer Tapete mit Streifen und Kreisen in Knallfarben setzen die Macher von *djäzz* auf den aktuellen Retro-Mix (Börsenstr. 11, Duisburg, *http://djaezz.de*). 70er-Jahre-Ambiente und lässige Musik gibt's auch im *Suite023* (Schwanenwall 23, Dortmund, *www.suite023.de*) und im *Love & Hate* (Rüttenscheider Str. 236, Essen).

▶▶ DIE JUNGEN WILDEN

Revolution am Herd

Bei den Nachwuchsköchen kommt Innovatives statt Herkömmliches auf die Teller. Björn Freitag, TV-Koch mit Michelin-Stern, lässt im Restaurant *Goldener Anker* seiner Kreativität freien Lauf. So besteht sein Strammer Max z. B. aus Wachtel, Blutwurst und Entenleber (*Lippetor 4, Dorsten, www.bjoern-freitag.de*). Suvad Memovic kreiert leichte Küche mit Niveau, wie Zander mit Apfel-Garnelen-Ravioli und Champagnerschaum, im *Restaurant Impression* (Augustinessenstr. 10, Recklinghausen, *Foto*). Der FC Ruhrgebiet, eine Spitzenköchevereinigung, feiert die neue Ruhrgebietsküche und geht jedes Jahr auf Tour durch den Pott (*www.fcruhrgebiet.de*).

EMSCHER

Dieser kleine Fluss ist das Sinnbild für die Zerstörung der Landschaft durch Industrie im Ruhrgebiet. Die vor über 100 Jahren friedlich durch die Bruchlandschaft mäandrierende Emscher wurde dem Abtransport von Abwässern geopfert. Ihr wurde über zahlreiche Bäche das Abwasser der Industrie und der Bevölkerung zugeleitet. Heute ist die Emscher ein ein-

gedeichter Kanal, der immer noch den Dreck der Region transportiert. Anfang des 20. Jhs. war diese Kanalisierung ein sehr modernes, günstiges Abwassersystem. Eine unterirdische Kanalisation war damals wegen der bergbaubedingten Bodenbewegungen nicht möglich. Noch Anfang der 1990er-Jahre wurden in den bildhaft so genannten „Köttelbächen", kleinen Zuflüssen zur Emscher, und der Emscher selbst 80 Prozent Ab-

Bild: Nordsternpark, Gelsenkirchen

STICH WORTE

wässer geführt. Ein unglaublicher Gestank! Mit dem Rückgang des Bergbaus wurden Klärwerke gebaut; die Renaturierung ist Zukunftsprojekt Nummer eins.

FUSSBALL

Immer wieder samstags beginnt die große Fußballoper im Revier von Neuem. In Gelsenkirchen geht man „auf Schalke" in die Veltins-Arena, das Dortmunder Westfalenstadion ist nun der Signal-Iduna-Park, in Duisburg hat die MSV-Arena den Platz des Wedau-Stadions eingenommen, und in Bochum wurde aus dem Ruhr- das Rewirpower-Stadion. Allwöchentlich kehrt der Ausnahmezustand wieder: Hunderttausende pilgern in die Stadien, verstopfen Zufahrtsstraßen, Parkplätze, Kneipen, Bahnhöfe und Straßenbahnen; Fans schwenken ihre Fahnen, wedeln mit den Schals des Heimatvereins. Fußball im Ruhrgebiet ist mehr als nur ein Sport, Fußball ist Leben. Fußball ist Gesprächsthema Nummer eins, quer durch alle sozialen Schichten. Fußballinteressierten Reviergästen sei ein Stadionbesuch empfohlen – neben dem sportlichen immer auch ein emotionales Erlebnis.

GARTENSTADT

Aus England kam die Idee, die Vorbild für die Errichtung vieler noch heute erhaltener Wohnsiedlungen war: In Werksnähe wurden diese dörflichen Idyllen gebaut, der Weg zur Arbeit war kurz. Gerade in den Zeiten der großen Zuwanderung entstanden diese Reproduktionen von ländlichen Quartieren, in denen jede Bergarbeiterfamilie eine Art Reiheneigenheim bekam, mit eigenem Eingang, kleinem Stall für die Ziege und einem Selbstversorgergarten. Es sind noch einige dieser schönen Siedlungen erhalten, dazu gehören die Siedlung Eisenheim in Oberhausen, die Siedlung Welheim in Bottrop und die Siedlung Teutoburgia in Herne.

GRÜN

Auch diese Farbe gibt es im Ruhrgebiet wieder! Zwar wurde im Zuge der Industrialisierung die Landschaft dem Bergbau geopfert, aber innerhalb der Städte wurden die alten Stadtparks behütet. Die neuen Parks und Landschaften sind dort entstanden, wo sich der Bergbau zurückgezogen und fast leere Flächen hinterlassen hat. Mit der „Industrienatur" sind hier Wälder entstanden, die zur

Entdeckung einladen, die Halden sind zu luftigen Ausflugs- und Aussichtspunkten geworden, entlang von Rhein-Herne-Kanal und Emscher wurden Radwege gebaut.

HALDE

Keine Erhebung im Ruhrgebiet ist natürlich. Bei den unvermittelt aufragenden, manchmal noch schwarzen, meist aber schon grünen „Bergen" handelt es sich um Halden. Hier ist all das Gestein aufgetürmt worden, das bei der Kohleförderung automatisch mit ans Tageslicht kam. Es ist schwarzes Gestein, das noch einen geringen Kohleanteil hat. Nur teilweise wurde es zur Verfüllung von Schächten und Flözen genutzt. Einige der Halden sind künstlerisch inszeniert. Heute ist der Kohleanteil wegen der guten Trennverfahren gering, früher hat sich so manche Halde mit viel Kohleanteil entzündet.

HÜTTENWERK

Ein Bergwerk bzw. eine Zeche ist immer gut zu erkennen an dem Förderturm oder Fördergerüst über dem Schacht, aus dem die Kohle zu Tage gefördert wurde. Bei einem Hüttenwerk wird es schon komplizierter. Hier stehen meist einige Hochöfen nebeneinander, eingebunden in bis zu 90 m hohe Rohrkonstruktionen.

Das Verhütten geht so: Mit Erzgemisch („Möller") und Koks wird der Hochofen von oben befüllt. Aus Winderhitzern wird heiße Luft eingeblasen. Im unteren Teil des Ofens herrschen Temperaturen von 1700–2300 Grad, die dazu führen, dass im

Inneren die Substanzen zu Roheisen verschmelzen. Nach Abstich des Ofens, etwa alle zweieinhalb Stunden, wird das flüssige Eisen in ein Rinnensystem geleitet, die Schlacke bleibt zurück und setzt sich ab. Beim Besuch eines Hüttenwerks ist dieser Abstich ein echtes optisches Highlight, denn wenn der Ofen unten geöffnet, also „abgestochen" wird, hälters zu verhindern. Endstation des Roheisens ist dann das Stahlwerk, wo durch die Zufuhr von Luft, das heißt durch Oxidieren, Stahl entsteht.

KRUPP

Kein Konzern des Ruhrgebiets ist bekannter als Krupp. 1811 als Sieben-

Perfekt sanierte einstige Bergarbeitersiedlung: die Gartenstadt Welheim in Bottrop

öffnet, also „abgestochen" wird, fließt das Roheisen als rotgoldener, Funken sprühender Strom heraus.

Das Roheisen wird dann in sogenannten Torpedopfannenwagen weitertransportiert. Die äußere Form dieser Spezialfahrzeuge erinnert an ein riesiges Geschütz, innen sind die Wagen feuerfest ausgemauert, um das heiße Ladegut nicht abkühlen zu lassen und ein Durchschmelzen des Be-

Mann-Betrieb in Essen gegründet, wurde aus diesen kleinsten Anfängen in der zweiten Hälfte des 19. Jhs. ein Weltunternehmen für Spezialstahl, das sich mit Walzen, Eisenbahnbedarf, Panzerplatten und vor allem dem Bau von Kanonen einen geradezu legendären Ruf erwarb. Dieser Mythos geriet im 20. Jh. immer mehr ins Wanken, als Krupp für die Katastrophen der deutschen Geschichte

Diese 1999 gekürte „schönste Trinkhalle des Ruhrgebiets" steht in Duisburg

und Gasometer. Sie helfen, den unübersichtlichen Raum zu gliedern. Viele dieser Landmarken sind mit Mitteln der modernen Kunst bearbeitet worden: der „Landart", der Skulptur, der Lichtplastik, der Klanginstallation. Sie prägen das unverwechselbare Gesicht der Region.

LEBENSQUALITÄT

Nicht nur die „harten" Rahmenbedingungen für ein angenehmes Leben im Revier – Grün und gute Luft – sind erfüllt, vielmehr sorgen auch Ausbildungs-, Freizeit- und Kulturangebote für eine Vielzahl von Annehmlichkeiten. Die Universitätslandschaft ist dicht. Revierparks, Radfahr- und Wandermöglichkeiten findet man direkt vor der Haustür. Und mit ihrer Kulturlandschaft behauptet sich die Region zwischen Dortmund und Duisburg selbstbewusst gegen die Rheinschiene mit Köln und dem nahen Düsseldorf. Für Freizeit- und Kulturaktivitäten werden die neu entstandenen Landschaften auf Zechenbrachen und die alten Gebäude der Industriekultur genutzt.

ROUTE DER INDUSTRIEKULTUR

Sie macht es Individualreisenden leicht, die Highlights des Ruhrgebiets zu finden! 1999 wurde die *Route der Industriekultur* eingeweiht und war das erste touristische Produkt der Region. Sie verbindet auf einem 400 km langen Rundkurs Sehenswürdigkeiten aus 150 Jahren Industriegeschichte. Die Route besteht

mitverantwortlich gemacht wurde. Alfried Krupp, der Fünfte seiner Dynastie, verbrachte nach 1945 sechs Jahre in amerikanischer Haft, um der Firma anschließend fast wieder zu alter Bedeutung zu verhelfen. Mit seinem Tod 1967 endete die Tradition der Alleininhaber. Etwa zur gleichen Zeit begann für die stolzen Stahlkonzerne an der Ruhr die Dauerkrise, und ab diesem Zeitpunkt setzten erste intensive Maßnahmen zum Strukturwandel ein. Krupps Generalbevollmächtigter Berthold Beitz begleitet bis heute den Weg der Krupp-Stiftung – als wichtiger Ankerpunkt in Wirtschaft und Kulturförderung.

LANDMARKEN

Was anderswo die Kirchtürme, Baumgruppen oder Berggipfel sind, das sind im Ruhrgebiet die Hinterlassenschaften der Industrie. Landmarken als feste Orientierungspunkte im dicht besiedelten, industriell geprägten Ruhrgebiet sind Halden, Fördertürme, Hüttenwerke, Schornsteine

aus einem Kernnetz von 25 Ankerpunkten, die deutlich markiert und
mit Informationstafeln versehen
sind. In diesem System sind 25 The-
menrouten ausgearbeitet, z.B die
Route der Industrienatur, die *Route
der Landmarkenkunst*, die *Route der
Großchemie und Energie* und die
Route Gärten und Parkanlagen.

An den einzelnen Ankerpunkten
ist immer etwas los, das Veranstal-
tungsprogramm können Sie beim Besucherzentrum bestellen. Es befindet
sich „auf Zollverein". Hier erklären
außerdem Präsentations- und Infor-
mationsmedien das Routensystem.
Auch kann man sich hier auf virtuelle
Reise begeben; eine CD-ROM und
eine Übersichtskarte sind ebenfalls
erhältlich. *Besucherzentrum Ruhr |
Zeche Zollverein, Kohlenwäsche |
Gelsenkirchener Str. 181 | Essen | Tel.
0201/24 68 10 | www.route-industrie
kultur.de*

TRINKHALLE

Ob sie nun Trinkhalle, Büdchen, Ver-
kaufshalle oder Kiosk heißen – die
winzigen Läden gehören zum Revier
wie die Currywurst zu den Pommes.
In den ersten Trinkhallen vor über
100 Jahren genehmigten sich die
durstigen Bergleute und Stahlkocher
nach Schichtende beim Plausch eine
Flasche Mineralwasser – Alkohol
durfte nicht verkauft werden. Auch
wenn die Zechen sterben – die Buden
bleiben. Heute haben sie alles, von
Lakritzen über Dosenmilch bis zu
Kopfschmerztabletten, und vor allem
immer geöffnet. Nirgends gibt es so
viele Trinkhallen wie im Pott. Nicht
immer sind sie schön, dafür aber ori-
ginell. Und sie sind die Seelen der
Nachbarschaft, manchmal auch die
Brennpunkte des sozialen Lebens, an
denen sich alltägliche Konsumgüter
neben Sorgen und Träumen stapeln.

> DAS KLIMA IM BLICK
Handeln statt reden

Reisen bereichert und verbindet Menschen
und Kulturen. Jedoch: Wer reist, erzeugt
auch CO_2. Dabei trägt der Flugverkehr mit
bis zu 10 % zur globalen Erwärmung bei.
Wer das Klima schützen will, sollte sich so-
mit nach Möglichkeit für die schonendere
Reiseform (wie z.B. die Bahn) entscheiden.
Wenn keine Alternative zum Fliegen besteht, so kann man mit *atmosfair* handeln
und klimafördernde Projekte unterstützen.

atmosfair ist eine gemeinnützige Klima-
schutzorganisation.

Die Idee: Flugpassagiere spenden einen
kilometerabhängigen Beitrag für die von

ihnen verursachten Emissionen und finan-
zieren damit Projekte in Entwicklungslän-
dern, die dort helfen den Ausstoß von
Klimagasen zu verringern. Dazu berechnet
man mit dem Emissionsrechner auf
www.atmosfair.de wie viel CO_2 der Flug
produziert und was es kostet, eine ver-
gleichbare Menge Klimagase einzusparen
(z.B. Berlin–London–Berlin: ca. 13 Euro).
atmosfair garantiert, unter der Schirmherr-
schaft von Klaus Töpfer, die sorgfältige
Verwendung Ihres Beitrags. Auch der
MairDumont Verlag fliegt mit *atmosfair*.

Unterstützen auch Sie den Klimaschutz:
www.atmosfair.de

EIN FESTIVAL NACH DEM ANDEREN

Das Ruhrgebiet ist eine der vitalsten und vielfältigsten
Kulturlandschaften Europas

> In der kulturellen Hauptsaison des Ruhrgebiets – Mai bis Oktober – möchte man sich an manchen Abenden zerreißen. Jede Stadt hat ein eigenes kulturelles Angebot, viele Events ziehen sich über die ganze Region. Und: Das Revier bietet eine Fülle von Möglichkeiten zu Ausflügen in unbekannte kulturelle Galaxien, so z.B in viele umgebaute ehemalige Werkshallen, jetzt Stätten unterschiedlichster künstlerischer Aktivitäten.

KULTUR IM REVIER – EIN ÜBERBLICK

April/Mai

Internationale Kurzfilmtage Oberhausen: das wohl älteste Kurzfilmfestival der Welt. Junge und renommierte Regisseure präsentieren ihre Filme. *Lichtburg Filmpalast | Infos: Tel. 0208/82 42 90 und www.kurzfilmtage.de*

Ab 1. Mai

Ruhrfestspiele Recklinghausen: 1946 wurden die Festspiele ins Leben gerufen, „Kunst für Kohle" war damals das Motto. Eine Recklinghäuser Kohlelieferung hatte nach dem Krieg den Spielbetrieb an den Hamburger Bühnen ermöglicht, zum Dank dafür reisten die Hamburger mit Aufführungen ins Revier. *Infos: Tel. 02361/921 80 | www.ruhrfestspiele.de*

Mitte Mai

Internationales New Jazz Festival Moers: Für alle Jazzfans ein unbedingtes Muss! *Infos: Tel. 02841/367 36 75 | www.moers-festival.com*

Insider Tipp

Mai/Juni

Stücke: Theaterfestival in Mülheim mit vielen Uraufführungen ganz neuer Stücke der deutschsprachigen Gegenwartsdramatik. *Infos: Tel. 0208/455 41 12 | www.stuecke.de*
Klavierfestival Ruhr: Pianisten von Weltrang erfüllen die Konzertsäle des Reviers mit Klängen. *Infos u. Tickets: Tel. 0180/500 18 12 | www.klavierfestival. de*

Aktuelle Events weltweit auf www.marcopolo.de/events

> EVENTS
FESTE & MEHR

Juni/Juli
Traumzeit in Duisburg: mehrtägiges internationales Musikfestival am Hochofen mit Jazz und Weltmusik. *Landschaftspark Duisburg-Nord, Tel. 0203/429 19 42 | www.landschaftspark.de*

Juni–September
Europäisches Klassik Festival Ruhr: rund 50 Veranstaltungen in 14 Städten. Internationale Gäste, „Classic meets Jazz" und „Klassik für Kids". *Tickets: Tel. 02365/503 55 00 | www.klassikfestival-ruhr.de*

Juli
Lange Nacht der Industriekultur: 2011 am 9. Juli. *Infos: Tel. 01805/18 16 50 | www.extraschicht.de*

Juli/August
Kinowochen in der Abstichhalle des Landschaftsparks Duisburg-Nord: Sternenhimmel oben, Leinwand vorne und rundherum das alte Hochofenwerk.

Infos: Tel. 0203/429 19 30 | www.stadt werke-sommerkino.de
Cranger Kirmes: die fünfte Jahreszeit in Herne mit über 500 Schaustellern. *Infos: Tel. 02323/16 29 71 | www.cranger-kirmes.de*

Außerdem im Sommer
Bochum-Total: Rund 70 Bands treten in Kneipen, Cafés und Biergärten auf. Am ersten Ferienwochenende. *Infos: Tel. 0234/650 67 | www.cooltour.com*

Sommer bis Herbst
Jährliches Kulturfestival für das Ruhrgebiet ist die *Ruhr-Triennale.* Alle drei Jahre ist sie besonders umfangreich. Das Festival vereint die Sparten Tanz, Theater und Musik. *Infos: Tel. 0209/167 17 00 | www.ruhrtriennale.de*

November
Tage alter Musik in Herne: Diese Ausflüge in das Reich der alten Musik bringen Licht in dunkle Novembertage. *Infos: Tel. 02323/16 28 39*

> CURRYWURST UND ONE-WORLD-FOOD

Im Ruhrpott sind viele Köche rührig: Speisen kann man von sehr günstig bis sehr teuer

> Eine traditionelle Ruhrgebietsküche suchen Sie vergebens. Das Gebiet liegt zwischen dem Rheinland, dem historischen Durchzugsgebiet der Völkerwanderungen, und dem Westfälischen, das seit jeher mit landwirtschaftlichen Erträgen in Fülle aufwarten konnte.

Die Bruchlandschaft entlang der Emscher im nördlichen Ruhrgebiet war hingegen nicht mit allzu vielen oberirdischen Bodenschätzen gesegnet, und so haben letztlich die Menschen, die von überall her in diese Region strömten, mit ihren Essgewohnheiten und Vorlieben eine Art kulinarischen Flickenteppich geschaffen. Der „Pott", der Schmelztiegel der Kulturen, bietet Handfestes, nichts hier wirkt gekünstelt. Die ersten Einwanderer, die vornehmlich aus dem Osten Europas kamen, brachten deftige Gerichte mit preisgünstigen Zutaten mit. So gut wie immer gehörten Kartoffeln als Beilage dazu – gekocht

> *www.marcopolo.de/ruhrgebiet*

ESSEN & TRINKEN

oder gebraten, püriert oder als Salat. Viele Gerichte waren Eintöpfe oder Suppen – von der Schnibbelbohnensuppe bis zur Graupensuppe mit mehr oder weniger gehaltvoller Einlage. Eine regionale Küche mit Spezialitätenrestaurants hat sich daraus aber nicht entwickelt. Der Bergarbeiter aß zu Hause mit der Familie, und in den Kneipen gab es meist nur das, was zum Bier passte, zum Beispiel Frikadellen mit Kartoffelsalat.

Erst in den letzten Jahrzehnten hat sich im Ruhrgebiet eine Restaurantkultur entwickelt. Das Angebot ist mittlerweile – zumindest in den großen Städten des Reviers – genauso breit gefächert wie in anderen Metropolregionen. Typisch für das Ruhrgebiet ist allerdings der Hang zur Fast-Food-Kultur: An jeder Ecke findet man einen Imbisswagen, einen Bratwurstgrill, eine Frittenschmiede oder eine Dönerbude.

IMBISS

Die Currywurst: Sie wird heiß geliebt, extra scharf gegessen, und selbst ein Lied ist nach ihr benannt: Herbert Grönemeyer, berühmter Sohn des Ruhrgebiets aus Bochum, hat der kultigen Wurst eine Hymne gewidmet, die bis heute Bestand hat.

Die Wurst ist so kultig, dass es sogar einen „Frittenführer" gibt: Der kleine Führer weist den Weg zu den besten Pommesbuden im Pott *(www.klartext-verlag.de)*. Zum Beispiel zum „Profi-Grill" des ehemaligen Drei-Sterne-Kochs Raimund Ostendorp in Bochum-Wattenscheid.

> SPEZIALITÄTEN

Genießen Sie die typische Ruhrgebietsküche!

Ärpel mit Schlaat – ein Püree aus Kartoffeln (Ärpel) und Salat (Schlaat), das auch gerne mit gebratener Blutwurst gegessen wird

Currywurst und Pommes – das bekannteste Gericht aus dem Ruhrgebiet wird vorzugsweise mit Pommes rotweiß gegessen, sprich: je einem Klecks Ketchup und Mayonnaise (Foto)

Eier in Senfsoße – einfach, preiswert und sehr pikant mit ordentlich Senf

Frikadellen – sehr beliebtes Zwischendurchgericht, auch „Frikas" genannt

Gedeck – ein Glas Pils und ein klarer, eiskalter Schnaps

Himmel und Erde – der deftige Klassiker aus Stampfkartoffeln und Apfelmus wird mit gebratener Blutwurst und gerösteten Zwiebeln kombiniert

Kartoffelsalat – ein Klassiker zum Grillwürstchen und zum Schwarzbrot

Kartoffelsuppe – eine herzhafte Mahlzeit, die entweder mit Frankfurter Würstchen bzw. Fleischwurst oder, etwas feiner, mit Räucherlachsstreifen zubereitet wird

Pfefferpotthast – ein würzig-scharfer Fleischtopf, eine Art Gulasch mit viel Zwiebeln, das mit frisch gemahlenem Pfeffer zubereitet wird. Das Gericht wird mit Salzkartoffeln und Gewürzgurken gereicht. Pfefferpotthast kann aus Rind, Kaninchen oder Kalb bestehen, mit „Hast" wird das Fleischstück bezeichnet

Schnibbelbohnensuppe – eine schlichte, aber köstliche Spezialität mit frischen grünen Bohnen, die in schräge Streifen „geschnibbelt" werden. Dazu gibt es meist Mettwürstchen

Stielmus – das alte Blattstielgemüse von Mai- und Herbstrüben wird zu Fleischgerichten als Beilage serviert. Meist werden die Stiele gehackt, gedünstet und mit holländischer Soße oder einer einfachen Einbrenne serviert

Tauben im Ofen – Die „Rennpferde des Bergmanns" werden mit Speck und Zwiebeln geschmort und mit Champignons, Kartoffeln und Salat serviert

TRATTORIEN UND RESTAURANTS

Erst durch die Zuwanderung der Italiener in den 60er-Jahren hat sich im Ruhrgebiet die Speisekarte mediterran erweitert. Heute finden Sie in jeder Straße eine einfache Stehpizzeria, die meist auch einen lukrativen Bringdienst betreibt. Konjunktur haben in den letzten Jahren die edlen italienischen Restaurants, die hausgemachte Teigspezialitäten, ausgesuchte Weine und andere Köstlichkeiten aus „bella Italia" anbieten.

Wie es sich für einen „melting pot" wie das Ruhrgebiet gehört, treffen hier die verschiedensten Kulturen aufeinander. Arabische, japanische, spanische oder russische Köche verzaubern die Ruhrgebietszungen mit kulinarischen Köstlichkeiten. In diesen Lokalen muss man oft lange im Voraus einen Tisch reservieren. Im Trend sind auch zeitlos-international gestylte Edelrestaurants, die all diese Einflüsse mischen und unter dem Label „One-World-Food" oder „Fusion-Food" ihre kulinarischen Kreationen anbieten. Auch hat sich in den letzten Jahren eine ausgezeichnete türkische Restaurantszene entwickelt, die ein Angebot für alle die bereithält, die die feinere türkische Küche suchen.

Was in einigen gutbürgerlichen Restaurants angeboten wird, sind entweder westfälische oder rheinische Klassiker – deftige Hausmannskost, die vorzugsweise in ländlich gelegenen Lokalen auf den Tisch kommt. Dazu gehören Gerichte wie Blutwurst mit Stampfkartoffeln, Bratwurst mit dicken Bohnen oder Stielmus mit Speck. Gelegentlich findet man auch schon schmackhafte moderne Varianten dieser klassischen Gerichte.

GETRÄNKE

Auch wenn es im Ruhrgebiet keine Hopfenstöcke gibt – die hiesigen

Restaurantkultur in ehemaligen Zechengebäuden, wie hier im Zollverein in Essen

Brauer wissen sehr gut, wo in Bayern der beste Hopfen wächst, und der wird dann im Revier verarbeitet. In vielen Städten gibt es kleine Privatbrauereien. Es gibt sogar eine touristische Thementour mit dem Titel „Brot, Korn und Bier", die zu den wichtigsten historischen Produktionsstätten im Revier führt. Einige Brauereien schenken ihr Bier auch in eigenen Brauhäusern aus.

SHOPPING IM RUHRGEBIET

Einkaufstour auf der Industriebrache oder in der malerischen
Altstadt – und „typisch Ruhri" gibt's auch

> Die Einkaufsmöglichkeiten im Ruhrge-
biet spiegeln Geschichte und Entwicklung dieser Region. Wo einst Schwerindustrie dominierte, war filigranes Kunst-
handwerk als Touristensouvenir nicht
angesagt. Mit dem Strukturwandel kamen neue Ideen, junge Designer setzen
Akzente in den Großstädten des Reviers.
Daneben gibt es ländliche Highlights mit
Spezialitäten „ab Hof". Kleine Läden prägen die Altstädte von z. B. Castrop-Rauxel, Hattingen und Recklinghausen.

■ AUS DEM BERGBAU

Typisches mit Bergbauflair gibt's auf
Zollern in Dortmund – von Hautschutz-
seife bis zum Pinnchen für den Berg-
mannsschnaps. Lektüre über das Leben
der Bergleute und ihrer Familien sowie
umfangreiches Kartenmaterial ergänzen
das liebevoll gestaltete Angebot. *www.
zeche-zollern.de*

■ DESIGN

Das Designzentrum auf dem Weltkultur-
erbe-Gelände *Zollverein* in Essen steht

für die Entwicklung innovativer Ideen.
Im *Besucherzentrum* kann man einige
ausgefallene Produkte kaufen. Neue
Idee, altes Motiv, „typisch Ruhri": Zwei
Essener Designerinnen haben Souvenirs
als *ruhr_gut* entworfen: Zollverein, Tetraeder & Co. als Clips und Zettelmotive,
Lesezeichen mit Bergmannsfoto u. v. m.
(*www.ruhr-gut.de*). Darüber hinaus hat
sich in den Revierstädten ein Netzwerk
mit interessanten Designläden u. -labels
entwickelt: In Dortmund z. B. kreiert
Alex Lippert Taschen aus abgelegten
Lieblingsklamotten (*Paulinenstr. 45 |
www.lipbert.de*), der Secondhandladen
Rosig bietet Shopperinnen Ausgefallenes zu bezahlbaren Preisen (*Rosental
19 | www.rosig-dortmund.de*), und un-
ter dem Namen *Heimatdesign* verbirgt
sich eine Plattform für junge Designer
aus der Region (*Hoher Wall 15 | www.
heimatdesign.net*). Und noch mal Design auf Zeche: Die Maschinenhalle der
stillgelegten *Zeche Friedlicher Nachbar*
in Bochum überzeugt als spannender
Veranstaltungsort (*www.friedlicher-*

> EINKAUFEN

nachbar.de) für Designer-Messen, angeboten wird Ausgefallenes von Schmuck über Kleidung bis zu Möbeln.

KUNSTHANDWERK

Rund um das *Hertener Wasserschloss* entfaltet sich jedes Jahr zu Pfingsten der Kunstmarkt *(www.herten.de/domains/ kunstmarkt-herten)*. Zwischen Gräften und Zugbrücke werden Bilder und Plastiken, Designermode mit Ökolabel oder Windspiele aus Edelmetall angeboten. In Duisburg findet der jährliche Kunstmarkt der *Kulturwerkstatt Meiderich* auf einem ganz normalen Wochenmarktplatz statt. Der gelungene Mix aus Profis und Selfmade-Künstlern macht's *(www.kunstmarkt-meiderich.de)*. In *Herne* bietet jedes Jahr im Oktober die *Kubo-Show* 100 jungen Künstlern einen Platz am Markt *(www.kuboshow.de)*.

LEBENSMITTEL

Biohöfe mit Direktverkauf gibt es überall, im Kreis Recklinghausen z. B. *Theo's Farm (Börster Grenzweg 56 | Oer-Erken-*

schwick). Im benachbarten Herten ist das *Spargeldorf Scherlebeck* eine Entdeckung wert. Vier Bauern betreiben Hofcafés und Direktvermarktung im (losen) Verbund: Spezialität ist Spargel, aber es gibt auch regionaltypisches Gemüse wie Stielmus zu kaufen *(www.spargeldorf- scherlebeck.de)*. Sekt made in Ruhrgebiet – die einzige Sektkellerei, die das prickelnde Vergnügen vor Ort (aber mit Weinen von der Mosel) produziert, liegt in *Recklinghausen (Hertener Str. 59 | www.wein-molitor.de)*.

SHOPPING-MALLS

Einkaufen als XXL-Vergnügen: Das Oberhausener *CentrO* war das erste dieser Art im Revier. Reizvolle Besonderheit ist die Außenpromenade mit vielen Lokalen. Das *Rhein-Ruhr-Zentrum* an der Stadtgrenze Mülheim/Essen ist der Mall-Oldie mit überschaubaren Dimensionen. Neuer Riese im Shopping-Business ist seit 2008 das *Einkaufszentrum Limbecker Platz* in Essen. Im selben Jahr öffnete das *Forum Duisburg* seine Tore.

![Innenhafen Duisburg]

> MITTENDRIN IM „RUHRPOTT"

Entdeckungen in einer vielfältigen Stadtlandschaft mit hohem Freizeitwert

> **Die Stadtlandschaft im zentralen Ruhrgebiet ist ein „melting pot", die Grenzen sind fließend, und irgendwie scheint das ganze Häusermeer auf geheimnisvolle Art und Weise zusammenzugehören.**
Das Durcheinander von Autobahnabfahrten, Arbeitersiedlungen, futuristischen Hochhäusern und Technologiezentren, Fußballplätzen und umgewandelten Zechenanlagen samt Fördertürmen mag Sie zunächst vielleicht abschrecken. Aber gerade dort,

wo Sie es niemals erwarten würden, finden Sie idyllische Flecken. Gehen Sie auf Entdeckungsreise!

BOCHUM

 KARTE IN DER HINTEREN UMSCHLAGKLAPPE
[132 A–B 1–2] Bochum (390 000 Ew.) ist keine Schönheit und erst recht keine Weltstadt, aber sie ist die „Blume des Reviers". So sah Herbert Grönemeyer

Bild: Innenhafen Duisburg

DIE MITTE

seine Heimatstadt, der er 1984 ein Denkmal gesetzt hat: „Tief im Westen / wo die Sonne verstaubt / ist es besser / viel besser, als man glaubt". In der Tat bietet Bochum viel mehr, als man bei der Ankunft am Hauptbahnhof zunächst glauben mag.

■■■ **SEHENSWERTES** ■■■

DAHLHAUSER HEIDE [132 A1]
Diese Wohnsiedlung mit dörflichem Charakter im Stadtteil Hordel wurde

1907–15 für die Bergleute der Krupp-Zechen Hannover und Hannibal errichtet. Die bewusst an vorindustrielle Bauformen angelehnte Architektur orientiert sich an der englischen Gartenstadtsiedlung. *Freudenbergstraße/Dinnendahlstraße*

DEUTSCHES BERGBAU-MUSEUM [U B2]
Weithin sichtbar grüßt das Fördergerüst der ehemaligen Zeche Germania über diesem Museum. Mit dem

Der Förderkorb als Fahrstuhl: Förderturm im Deutschen Bergbau-Museum

wird sich ihrem ganz besonderen Zauber nicht mehr entziehen können: Wie eine gotische Kirche wirkt der Industriebau mit seiner Konstruktion aus stählernen Streben. 1902 als repräsentative Ausstellungshalle des „Bochumer Vereins" gebaut, wurde die Halle anschließend als Gebläsehalle für Hochöfen genutzt. Seit 2003 wird die ca. 9000 m² große Halle als Festspielhaus für die Ruhr-Triennale genutzt. *Alleestraße | Info und Führungen: Bochum Marketing GmbH | Tel. 0234/96 30 20 | www.bochum-marketing.de*

⚒ Förderkorb können Sie hinauffahren. Eine besondere Attraktion ist das Anschauungsbergwerk unter dem Museum mit einem Streckennetz von ca. 2,5 km Länge. *Di–Fr 8.30–17, Sa/So 10–17 Uhr | Am Bergbaumuseum 28 | www.bergbaumuseum.de*

EISENBAHNMUSEUM   [132 A3]
Größtes privates Eisenbahnmuseum Deutschlands in einem ehemaligen Bahnbetriebswerk in Dahlhausen mit Diesel- und E-Loks, Personen- und Güterwagen. Regelmäßiger Fahrbetrieb. *März–Mitte Nov. Di–Fr, So 10 bis 17 Uhr | Dr.-C.-Otto-Str. 191 | www.eisenbahnmuseum-bochum.de*

JAHRHUNDERTHALLE ⭐   [U A3]
Von außen wirkt sie fast unscheinbar, doch wer sie einmal betreten hat,

ESSEN & TRINKEN

FORSTHAUS   [132 B3]
Café und Waldrestaurant mit neuer internationaler Küche. Verschnörkeltes Stuhldesign und Kerzenschein sorgen im großzügigen Wintergarten auch im Sommer für romantische Stimmung. *Tgl. | Blankensteiner Str. 147 | Tel. 0234/369 48 88 | www.forsthaus-bochum.de |€€*

GASTRONOMIE IM STADTPARK BOCHUM   [U C2]
Malerisch gelegen im ältesten Stadtgarten des Ruhrgebiets. Gehobene Küche. Im Sommer ist die Terrasse offen. *Mo geschl. | Klinikstr. 41–43 | Tel. 0234/50 70 90 | www.stadtpark-gastronomie.de | €€€*

LIVINGROOM   [U B4]
Mit 450 m² das größte Wohnzimmer Bochums mitten in der Innenstadt; elegantes, modernes Ambiente, internationale Gerichte der Sonderklasse, exzellente Weinkarte. *Tgl. | Luisenstr. 9–13 | Tel. 0234/953 56 85 | www.livingroom-bochum.de | €€*

MANDRAGORA [U B4]
Crêperie und Wurzel des legendären Bermuda-Dreiecks vor über 30 Jahren *Mo geschl. | Konrad-Adenauer-Platz 1 | Tel. 0234/642 18 | www. mandragora-bochum.de | €*

 PROFI-GRILL ▶▶ [132 A2]
Pommes rot-weiß und leckere Frikadellen, stilvoll serviert vom Ex-Sternekoch Raimund Ostendorp in Bochum-Wattenscheid. *Tgl. | Bochumer Str. 96 | Tel. 02327/823 61 | www. profi-grill.de | €*

■ ÜBERNACHTEN

ALEPPO DESIGNHOTEL UND HOSTEL [U B3]
Nahe der Innenstadt werden in dieser geschmackvoll eingerichteten Unterkunft auch günstige Mehrbettzimmer mit Teeküche angeboten. *30 Betten |*

Nordring 30 | Tel. 0234/58 83 80 | Fax 588 38 29 | www.hotelaleppo.de | €

ART HOTEL TUCHOLSKY 〰 [U B4]
Kleines Hotel in der Innenstadt. Jedes Zimmer ist in einem anderen Stil eingerichtet. *37 Zi. | Viktoriastr. 73 | Tel. 0234/96 43 60 | Fax 96 43 64 36 | www.art-hotel-tucholsky.de | €€*

PARK INN 〰 [U C4]
Zentral am Hauptbahnhof gelegen. Sehr komfortabel eingerichtete Zimmer, Sauna und Mini-Gym. *162 Zi. | Massenbergstr. 19–21 | Tel. 0234/ 96 90 | Fax 969 22 22 | www.park-inn-bochum.de | €€€*

■ AM ABEND

BAHNHOF LANGENDREER ▶▶ [128 C2]
Alternatives Kulturzentrum in einem ehemaligen Bahnhof. Multikulturell

MARCO POLO HIGHLIGHTS

★ **Halde Prosper-Haniel**
Auf ihrem Gipfel liegt ein Amphitheater (Seite 35)

★ **Tetraeder**
Die Stahlkonstruktion leuchtet nachts (Seite 35)

★ **Kokerei Hansa**
Begegnung mit überwucherter Industrie (Seite 38)

★ **Jahrhunderthalle**
Ein Industriemonument als Kulturtempel (Seite 32)

★ **Zeche Zollverein**
Unesco-Welterbe: Industrieensemble im Bauhausstil (Seite 47)

★ **Akademie Mont-Cenis**
Ein Stadtteil unter Glas (Seite 56)

★ **Veltins-Arena**
Modernes Stadion für den Gelsenkirchener Traditionsverein (Seite 53)

★ **Villa Hügel**
Die beeindruckende Residenz des Stahlmagnaten Alfred Krupp (Seite 48)

★ **Gasometer**
Europas höchste Ausstellungstonne (Seite 63)

★ **Landschaftspark Duisburg-Nord**
Sport und mehr im ehemaligen Hüttenwerk (Seite 43)

geprägtes Programm: Musik, Kabarett, Theater, Partys, Diskothek. Anspruchsvolles Kinoprogramm und erfreulich gute Bistroküche. *Wallbaumweg 108 | Tel. 0234/687 16 10 | www.bahnhof-langendreer.de*

SCHAUSPIELHAUS BOCHUM [U B5]

Theaterpersönlichkeiten wie Peter Zadek, Claus Peymann, Leander Haussmann und Anselm Weber waren und sind Garanten für die Qualität des viel gerühmten Theaters an der Königsallee. Frisch renoviert strahlt das Haus im Glanz der 1950er-Jahre. *Königsallee 15 | Tickets unter Tel. 0234/33 35 55 | www.schauspielhausbochum.de*

■ AUSKUNFT

BOCHUM MARKETING [U B4]

Tickets, Shop, Touristinfo. *Huestr. 9 | 44787 Bochum | Tel. 0234/96 30 20 | www.bochum-tourismus.de*

■ ZIELE IN DER UMGEBUNG

HEVENEY [132 B3]

Das *Freizeitbad Heveney* am Kemnader See verfügt über eine ausgezeichnete Schwimm- und Saunalandschaft mit Innen- und Außenbereichen. Ganzjährig geöffnet: *Mo–Sa 9–23, So 9–21 Uhr | Tel. 02302/562 63 | Eintritt ab 8 Euro*

KEMNADER SEE [132 B3]

Eine Oase der Erholung und Entspannung, 14 km von Bochum entfernt. Hier können Sie einen ausgedehnten Spaziergang machen, segeln, mit dem Fahrrad oder auf Inlineskates den See umrunden. Auch schön ist die große Hundewiese.

Unmittelbar am See liegt die *Burg Blankenstein,* in deren Rittersaal den Bochumern 1321 die Stadtrechte verliehen wurden. Mit gutbürgerlichem Restaurant und Biergarten. *Tgl. | Tel. 02324/332 31 | www.burgblankenstein.de | €*

BOTTROP

[127 D–E1] Im Westen, Süden und Osten wird sie von den Emscherstädten Oberhausen, Gladbeck und Gelsenkirchen eingeklammert. Zum Norden hin aber öffnet sich die Stadt Bottrop (120 000 Ew.) in die Kirchheller Heide – ein ausgedehntes Waldgebiet, das von einem dichten Wander-, Rad- und Reitwegenetz durchzogen ist. Trotz seiner industriellen Vergangenheit besitzt Bottrop mehr als 55 Prozent Grünflächen. Dennoch sind große Teile des Stadtgebiets noch immer stark vom Bergbau geprägt. Das Verbundbergwerk *Prosper-Haniel* ist heute eine der wenigen noch in Betrieb befindlichen Zechen im Revier. Weithin sichtbar sind die bis zu 100 m hoch aufgetürmten Halden, die man hier die „Alpen des Reviers" nennt. Durch spektakuläre Umgestaltungen brachten es einige zu überregionaler Berühmtheit: Auf der Halde Prosperstraße befindet sich ein *Alpincenter,* das Skibegeisterte aus nah und fern anlockt.

■ SEHENSWERTES

GARTENSTADT WELHEIM

Eine der schönsten Bergarbeitersiedlungen des Ruhrgebiets. Die Häuser und Wohnungen wurden in den 1990er-Jahren von Grund auf und denkmalgerecht renoviert. *Welheim*

HALDE PROSPER-HANIEL ⭐

Einzigartig: Auf die eine Seite des Gipfelplateaus ist ein Amphitheater eingebaut, in dem während der Sommermonate Theateraufführungen stattfinden. Nicht nur für Kunstfreunde ein Erlebnis: 105 „Totems", Skulpturen des Künstlers Agustín Bauhaus und hat Künstler wie Victor Vasarély nachhaltig beeinflusst.

Das angrenzende *Museum für Ur- und Ortsgeschichte* präsentiert eiszeitliche Funde, die beim Kohleabbau unter Tage freigelegt wurden. *Di–So 10–17 Uhr | Im Stadtgarten 20* | *www.quadrat-bottrop.de*

Kunsterlebnis mit Aussicht: mit dem Rad zu den Totem-Skulpturen auf Halde Prosper-Haniel

Ibarrola, stehen hier in luftiger Höhe. *Hauptzugang: Kirchhellener Straße/ Alter Postweg*

MUSEUM QUADRAT ▶▶

Der Museumskomplex im Stadtgarten ist eine Hommage an den berühmtesten Sohn der Stadt und beherbergt die größte Sammlung von Werken des Künstlers außerhalb Amerikas: Josef Albers, 1888 in Bottrop geboren, lehrte am Weimarer

TETRAEDER ⭐

Die Stahlkonstruktion auf der Halde an der Beckstraße ist das neue Wahrzeichen und zugleich Symbol für den Wandel der Stadt. Die Dimensionen der einer Pyramide ähnelnden Großskulptur sind beeindruckend: 50 m hoch und mit 60 m langen Kanten, die auf vier 8 m hohen Betonpfeilern befestigt sind. ☀ Eine Treppe führt zu drei Aussichtskanzeln: atemberaubender Blick über die Emscherregion. Nachts wird die Spitze des Te-traeders mit gelbem Licht nachgezeichnet. *Hauptzugang: Beckstraße*

ESSEN & TRINKEN

BAHNHOF NORD

Der Name darf täuschen: keine Wartesaalatmosphäre, gemütlich und stilvoll eingerichtet, gehobene mediterrane und regionale Küche. Biergarten mit Gleisanschluss. *Tgl. | Am Vorthbach 10 | Tel. 02041/98 89 44 | www.bahnhofnord.de | €€*

OVERBECKSHOF

Die gute Stube der Stadt: gutbürgerliches Essen in schönem Restaurant, idyllisch im Stadtgarten gelegen. Außenterrasse für die Sommertage. *Tgl. | Im Stadtgarten 26 | Tel. 02041/ 227 19 | €€*

PETIT MARCHÉ

Einziges Restaurant in Bottrop mit mehreren Auszeichnungen. Kleines Lokal mit exquisiter Küche, die auch ihren Preis hat. *So geschl. | Hauptstr. 16 | Tel. 02045/32 31 | €€€*

ÜBERNACHTEN

HOTEL ALTER GIEBEL

Neues Hotel, das auch Apartments anbietet. Schönes, gemütliches Ambiente. Gelegen in Kirchhellen an der B 223, in ruhiger, bäuerlicher Umgebung. *8 Zi., 7 Apt. | Alleestr. 54 | Tel. 02045/403 90 | www.alter-giebel.de | €€*

Insider Tipp MITTEN IM POTT

Kleiner Hotel-Pensionsbetrieb auf einem ehemaligen Bauernhof in der Nähe des Alpincenters. Nicht verpassen sollten Sie einen Brunch in der urigen guten Stube von Willi „Ente" Lippens, einer der wirklichen Fußballlegenden und Originale des Reviers. *7 Zi. | Gungstr. 198 | Tel. 02041/459 35 | www.mitten-im-pott. de | €*

FREIZEIT & SPORT

MOVIE PARK GERMANY

Hollywood zum Anfassen: In dem über 45 ha großen Freizeit- und Vergnügungspark finden Sie über 40 Einzelattraktionen: mehrere Achterbahnen, Freefall-Tower, Paraden, Shows und Straßenentertainment. *März–Sept. Mo–Fr 10–18, Sa/So 10–19 Uhr, Juli/Aug. 10–22 Uhr | Warner Allee 1 | www.moviepark-germany.de | Eintritt 23–31 Euro*

AUSKUNFT

STADTINFOBÜRO

Osterfelder Str. 13 | 46236 Bottrop | Tel. 02041/766 95 13 | www.bottrop.de

ZIEL IN DER UMGEBUNG

KIRCHHELLER HEIDE   [125 F4–5]

Die Kirchheller Heide im Norden der Stadt Bottrop bietet ideale Voraussetzungen für eine ausgedehnte Wanderung. Etwa 100 km markierte Rad- und Wanderwege sowie 23 km Reitwege führen durch eine abwechslungsreiche Wald- und Heidelandschaft. In der Kirchheller Heide wurde ein in den Industrieländern immer seltener werdender Landschaftstyp vor der Zerstörung bewahrt: die Heide- und Moorlandschaft des *Kletterpoths,* die schon seit 1926 Naturschutzgebiet ist.

Als Start- oder Zielpunkt empfiehlt sich der *Forsthof Heidhof* im

Stadtteil Kirchhellen. Hier ist u. a. ein Waldinformationszentrum untergebracht, wo Sie Wissenswertes über die Geschichte der Kirchheller Heide erfahren. Kinder kommen auf einem Spielplatz auf ihre Kosten. Ein kleiner Kiosk offeriert Getränke und Snacks. *Zum Heidhof*

DORTMUND

 **KARTE AUF
SEITE 134/135**

[128 A–B 4–6] **Wie keine andere Stadt im Ruhrgebiet können Sie Dortmund (584 000 Ew.) aus der Vogelperspektive überblicken.** Der *Florian,* seit der Bundesgartenschau 1959 eines der populärsten Wahrzeichen der Stadt, macht's möglich: ☀ Von dem 150 m hohen Fernsehturm mit seinem Drehrestaurant am Rand des Westfalenparks bietet sich ein einmaliger Blick auf die Stadt- und Industrielandschaft. Die ehemalige Hansestadt wurde von Karl dem Großen um 880 an strategisch günstiger Lage an dem damals bedeutendsten Handelsweg der Region, dem Hellweg, errichtet. Von den 20 Zechen, die in Dortmund einst das schwarze Gold förderten, ist seit den 1990er-Jahren keine mehr in Betrieb. Die Wachstumsbranchen in Dortmund liegen heute u. a. in den Bereichen Logistik, Mikrosystemtechnologie, Biomedizin und Elektronik. Sie haben der Stadt Zehntausende neuer Arbeitsplätze beschert.

◼ SEHENSWERTES ◼

DEUTSCHE ARBEITSSCHUTZAUSSTELLUNG [133 D1]
Hier können Sie einen spannenden Ausflug in die Arbeitswelt von ges-

Wald, Heide und Moor wechseln sich ab: die Kirchheller Heide bei Bottrop

tern, heute und morgen unternehmen. Ob Webstuhl, Flugzeugcockpit oder das größte Notebook der Welt: ausprobieren und experimentieren! *Di–Sa 9–17, So 10–17 Uhr | Friedrich-Henkel-Weg 1–25 | www.dasa-dortmund.de*

HAUS BODELSCHWINGH [127 F6]

Wunderschönes mittelalterliches Wasserschloss aus dem 13. Jh., die größte und bedeutendste Wasserburg der Region. Die ganze Anlage, an der alle bedeutsamen Bauepochen ihre Spuren hinterlassen haben, ruht auf Eichenholzpfählen. Das Schloss befindet sich in Privatbesitz, doch auch ein Rundgang um die Anlage lohnt sich. *Schlossstraße | www.schloss-bodelschwingh.de*

KOKEREI HANSA ★ [127 F6]

Hier riecht es noch immer nach Koks: Die Kokerei Hansa im Dortmunder Norden ist die letzte erhaltene von ehemals 17 Kokereien. Als Zentralkokerei war sie Teil eines Produktionsverbunds von Bergwerk, Kokerei und Hüttenwerk. 1992 stillgelegt, ist Hansa heute Sitz der Stiftung Industriedenkmalpflege des Landes NRW. Ein Erlebnispfad gewährt Besuchern ungewöhnliche Einblicke in eine vergangene Industrieepoche. *Emscherallee 11 | www.industriedenkmal-stiftung.de*

KREUZVIERTEL ▶▶ [134 B–C6]

Alte Bäume, restaurierte Bürgerhäuser aus der Zeit der Jahrhundertwende und eine intakte Infrastruktur mit kleinen Geschäften, Cafés und Kneipen machen dieses Viertel in der Innenstadt zu einer begehrten Wohn-

gegend. Nehmen Sie sich Zeit für einen Bummel!

MUSEUM FÜR KUNST UND KULTURGESCHICHTE [135 C3]

Kulturgeschichte der Stadt Dortmund im Zeitraffer: Gemälde, Skulpturen, Kunsthandwerk und Möbel von der Urzeit bis heute. Das Museum selbst ist Architekturgeschichte: Der Art-déco-Bau wurde 1923 errichtet und beherbergte die damalige Sparkasse. *Di–So 10–17 Uhr (Do bis 20 Uhr) | Hansastr. 3 | www.museendortmund.de/mkk*

MUSEUM OSTWALL IM U [134 B3]

Schwerpunkt der Sammlung sind Gemälde, Skulpturen, Objekte und Fotos des 20. Jhs. Die Skulpturensammlung von Aristide Maillol bis Wilhelm Lehmbruck präsentiert viele Facetten der bildhauerischen Entwicklung der Moderne. Seit 2010 sitzt das Museum im U-Turm, dem neuen Zentrum für Kunst und Kreativität auf der Basis alter Braukultur. *Di, Mi 10–18, Do, Fr 10–20, Sa, So 11–18 Uhr | Leonie-Reygers-Terrasse | www.museumostwall.dortmund.de*

WESTFALENHALLE UND SIGNAL-IDUNA-PARK [133 D1]

Diese Orte dürfen Sie nicht verpassen, denn die großen Ereignisse finden hier statt. Politik, Wirtschaft, Sport, Kultur, Showbusiness. Berühmt für ihren Rundbau und Wahrzeichen Dortmunds: die Westfalenhalle. Und falls Ihr Herz beim Wort Fußball höher schlägt, dann gönnen Sie sich eine Führung durchs Dortmunder Stadion. *www.westfalenhallen.de, www.borussia-dortmund.de*

ZECHE ZOLLERN II/IV [132 C1]

Auf den ersten Blick wirkt die 1898 eingeweihte Zechenanlage mit ihrer herrschaftlichen Architektur wie ein Schloss. Dazu modernste Technik: Schalttafeln aus Marmor im Inneren der Maschinenhalle wecken Assoziationen an Fritz Langs Film „Metropolis". Im Restaurant *Pferdestall,* dem ehemaligen Kutschenhaus,

Ausflug nach Bella Italia! *Tgl. | Ostwall 33 | Tel. 0231/52 58 10 | www. latoscana-dortmund.de |* €−€€

KUNSTCAFÉ KAVADO [134 A6]

Lesungen und Musik, Weine vom Winzer und Bistro-Specials wie Wildkräutersalat sind top. *Mo geschl. | Große Heimstr. 45 | Tel. 0231/185 81 09 | www.kavado.de |* €

Die Deutsche Arbeitsschutzausstellung bietet mehr als nur optische Effekte

schmecken regionale Klassiker wie „Himmel und Erde"; schöner Biergarten. *Di–So 10–18 Uhr | Grubenweg 5 | www.zeche-zollern.de*

■ ESSEN & TRINKEN ■

LA TOSCANA [135 E4]

Unverfälschte toskanische Küche, köstliche Fischgerichte und gute Weinauswahl: Gönnen Sie sich den

SWABEDOO ▶▶ [134 A–B5]

Seit über zehn Jahren angesagter Szenetreff im Kreuzviertel, mit City-Biergarten unter einem wunderschönen Laubdach. Die Küche überzeugt mit Specials wie Themenbuffets oder gerichten wie „Spaghetti außem Parmesan". *Tgl. | Kleine Beurhausstr. 26 | Tel. 0231/14 13 00 | www.swabedoo. de |* €−€€

TURMRESTAURANT FLORIANS ✻ [128 A5]

Schlemmen mit Panoramablick: Die Menüs im Florians erfüllen Gourmet-Erwartungen – in 137 m Höhe. Bei klarem Wetter gute Sicht über Dortmunds Dächer bis ins Münster- und Sauerland. *Mo geschl. | Florianstr. 2 | Tel. 0231/138 49 75 | www. turmrestaurant-florians.de | €€–€€€*

■ EINKAUFEN

HENRIETTES KÜCHENLADEN [135 D3]

In dem kleinen Geschäft blinkt und blitzt es wie in einem Designmuseum: Mit solchen Accessoires macht Kochen Spaß. *Markt 4*

■ ÜBERNACHTEN

HOTEL LENNHOF [133 D2]

In dem 1395 erbauten Fachwerkhaus tanken gelegentlich auch die Kicker von Borussia Dortmund Kraft für ihre Heimspiele. *37 Zi. | Menglinghauser Str. 20 | Tel. 0231/75 81 90 | Fax 758 19 60 | www.hotellennhof. de | €€*

HOTEL SCHÜTZENHOF [127 F6]

Einfaches Hotel im Stadtteil Kirchlinde. *10 Zi. | Kirchlinder Str. 21 | Tel. 0231/67 13 68 | Fax 67 95 43 | www. hotel-schuetzenhof.de | €*

PARKHOTEL WITTEKINDSHOF 🔊 [128 B5]

Komfortables 4-Sterne-Hotel, zentral an der B 1 gelegen. *65 Zi. | Westfalendamm 270 | Tel. 0231/519 30 | www. wittekindshof.bestwestern.de | €€€*

■ FREIZEIT & SPORT

BVB-EXTRATOUR

Inside Tipp

Die Stadtrundfahrt unter dem Motto „BVB-Extratour" führt zu den Wurzeln der Borussia, zum Borsigplatz, zur Dreifaltigkeitskirche und zum Westfalenstadion. Schwarz-gelbe Geschichte pur! *Nur in der ersten Jahreshälfte | Infos u. Anmeldung: Tel. 0231/18 99 90*

GALOPPRENNBAHN [128 B5]

Bis zu 15 000 Pferdesportfreunde fiebern in Dortmund-Wambel an

❯ DER NAME DER ZECHE

Um die Zechen herum entstanden die Städte

Aus dem Stadtbild sind sie weitgehend verschwunden, aus den Köpfen der älteren Menschen aber noch nicht und auch nicht aus deren Orientierungssinn: die Namen der Zechen, die sie manchmal auch zur Wegbeschreibung brauchen: „Wo wollen Sie hin? Zum Zauberkasten? Moment ... der ist doch ... Sie müssen erst mal an Holland vorbei, dann kommt Hannover und dann noch ein ganzes Stück B 1 bis Lothringen. Das liegt auf der ganz anderen Seite von Bochum!" Nicht nur die Herkunft der Zechengründer wurde so im Zechennamen hinterlegt. „Saturn", „Pluto", „Venus", „Jupiter" heißen ganz frühe Zechen. Es gab Zechen, die erhielten so klangvolle Namen wie „Güldene Sonne", „Nordstern" oder „Abendstern". Schließlich repräsentiert die Symbolik von Sonne und Sternen seit der Französischen Revolution Aufbruchwillen, Hoffnung, Ideen und Ziele politischer Bewegungen.

Casino Hohensyburg: „Faites vos jeux!" in Deutschlands größtem Spielkasino

Spitzentagen um die Wette. Die Haupttribüne verfügt über 900 wetterfeste Sitzplätze. *Rennweg 70 | Tel. 0231/562 26 60 | www.galopp-in-dortmund.de*

REVIERPARK WISCHLINGEN [127 F6]
Freizeitbad mit Solebecken und Saunalandschaft. *So–Do 8–22, Fr/Sa 8–24 Uhr | Höfkerstr. 12 | www.revier park-wischlingen.de*

■ AM ABEND
CABARET QUEUE [128 B5]
Eine der renommiertesten Kleinkunstbühnen des Reviers: Kabarett, Comedy und Musik. *Hermannstr. 74 | Tel. 0231/41 31 46 | www.cabaret-queue.de*

CASINO HOHENSYBURG ☀ [128 A6]
Die Spielbank liegt wunderschön im Dortmunder Süden: Die Hohensyburg ist seit Generationen ein attraktives Ausflugsziel mit großartigem Blick auf das Tal der Ruhr. *Hohensyburgstr. 200 | Tel. 0231/774 00 | www.casino-hohensyburg.de*

DOMICIL ▶▶ [135 C3]
Seit 2005 ist der Jazzclub in downtown Dortmund zu Hause. Das Programm reicht von der kostenfreien Clubnacht über Gigs, Festivals und Konzerte bis zu Kabarett. In der Caffelounge wird neben Cocktails und Frühstück eine ausgesprochen gute Bistroküche mit sehr ordentlichen Weinen serviert. *Tgl. | Hansastr. 7–11 | Tel. 0231/862 90 30 | www.domicil-dortmund.de | €–€€*

KONZERTHAUS DORTMUND [135 D3]
Im Herbst 2002 wurde das neue Konzerthaus mitten in der Dortmunder Innenstadt eröffnet, das Konzerte auf internationalem Niveau im Programm hat. Das durchgehend geöffnete *Restaurant* offeriert eine gute Küche; in der *Hörbar* können Sie einen Drink nehmen. *Brückstr. 21 | Tel. 0231/22 69 60 | www.konzerthaus-dortmund.de*

PRISMA ▶▶ [128 A4]
Die Disco mit zehn Areas auf zwei Etagen befindet sich in einer ehema-

ligen Zeche im Stadtteil Eving. *Fr/Sa ab 21 Uhr | Deutsche Str. 6 | www. prisma-nachterlebniswelt.de*

THEATER IM DEPOT   [129 E1]

Eine ehemalige Straßenbahnwerkstatt ist zum Kulturzentrum geworden: Theater der freien Szene, Werkstätten, Galerien und Gastronomie mit schickem Werkstouch gehören dazu. *Immermannstr. 39 | Tel. 0231/ 982 23 36 | www.theaterimdepot.de*

◼ AUSKUNFT

DORTMUND-TOURISMUS   [134 C2]
Königswall 18a | 44137 Dortmund | Tel. 0231/18 99 92 22 | www.dort mund-tourismus.de

DUISBURG

 KARTE AUF SEITE 136

[130 C1–4] „Die Stadt am Rhein!" So wirbt Duisburg für sich. Denn Werden und Wandel der Stadt sind eng mit diesem **Strom verbunden.** Die Stadt war einst bedeutender Handelsstandort, dessen Entwicklung Mitte des 13. Jhs. jäh gebremst wurde, als der Rhein nach einem Hochwasser sein Bett 4 km nach Westen verlagerte. Erst mit der beginnenden Industrialisierung 1826 wurde das alte Flussbett für einen Kanalanschluss an den Rhein ausgebaut. Heute hat die Stadt den größten Binnenhafen Europas.

Nördlich der A 42 am Rhein, da zeigt Duisburg, wie es im gesamten Ruhrgebiet ausgesehen hat: Weite „Land"striche sind geprägt von der Schwerindustrie. Die *Alsumer Straße* **Insider Tipp** führt direkt hindurch: Kühltürme flankieren den Weg, gigantische Rohrleitungen überbrücken die Straßen. Ein guter Aussichtspunkt ist der ❧ *Alsumer Berg,* der 1954 aus Schutt aufgehäuft wurde.

Der Strukturwandel der letzten Jahrzehnte hat deutliche Spuren hinterlassen: 1993 wurden die bedeutenden Hüttenwerke Rheinhausen ge-

Schon toll, was man mit guter Beleuchtung erreichen kann: Landschaftspark Duisburg-Nord

schlossen. Und dennoch: Duisburg (497 000 Ew.) ist auch heute noch der größte Stahlstandort Europas. Umwelttechnologie, Mikroelektronik, Dienstleistungen und Logistik sind darüber hinaus die wesentlichen Wirtschaftszweige.

■ SEHENSWERTES ■

LANDSCHAFTSPARK
DUISBURG-NORD ★ ▶▶   [130 C2]

Das ist der verrückteste Park, den man sich vorstellen kann: rund um ein 1985 stillgelegtes Hochofenwerk. Die alte Gebläsehalle wird jetzt als Konzert- und Theatersaal genutzt; die Kraftzentrale, eine der größten Hallen des Ruhrgebiets, wird mit aufwendigen Events bespielt. Der Alpenverein beklettert die bis zu 16 m hohen Betonwände der Bunker. Der Gasometer ist mit Wasser gefüllt und wird zum Tauchtraining genutzt. Ansonsten geht man in diesem Park einfach nur spazieren, zum Beispiel auf dem Bunkerhochweg: unter einem

die gähnenden Keller der Möllerbunker, in denen ehedem das Erzgemisch gelagert wurde, daneben die drei Hochöfen. Einer davon ist begehbar. Der Aufstieg durch das Rohrsystem ist ein ganz ungewöhnliches Erlebnis. Freitags bis samstags verwandelt sich die Silhouette in eine bunte Lichtskulptur. *Emscherstraße | www. landschaftspark.de*

INNENHAFEN DUISBURG   [136 A–B2]

Bis Anfang der 1990er-Jahre standen hier nur vergammelte Speichergebäude. Das Bild heute: Motoryachten in der Marina, eine Promenade mit einem reichhaltigen gastronomischen Angebot auf der Kaimauer, die alten Ziegelspeicher werden fast alle neu genutzt. Es lohnt sich, vor einem Rundgang ins *Hafenforum* in einem ehemaligen Getreidespeicher am Philosphenweg zu gehen, um sich mit Informationen einzudecken. Jenseits des Hafendamms liegt einer der wohl ungewöhnlichsten Parks der Moderne: der *Garten der Erinnerungen,* entwickelt von dem Künstler Dani Karavan. Seinen Garten zieren Grünflächen, Bäume und Reste der ehemaligen, abgerissenen Lagerhallen. Highlight für Architekturfreaks: das jüdische Gemeindezentrum, entworfen von Zvi Hecker. Nachts ist dieser ganze Stadtteil wunderschön illuminiert. Der *Innenhafen (Philosophenweg)* ist ausgeschildert. *www. innenhafen-portal.de*

MUSEUM DER DEUTSCHEN
BINNENSCHIFFFAHRT   [130 B–C2]

Jetzt kann man trockenen Fußes in die alten Becken des Jugendstilbades gehen und sich die Welt der Schifffahrt von unten anschauen. Dabei kann man einen umfassenden Blick auf die Technik-, Wirtschafts- und Sozialgeschichte der Binnenschifffahrt werfen. Museumsschiffe im na-

Gegenwartskunst in den riesigen Räumen eines alten Speichers

hen Ruhrorter Hafen komplettieren die Information. *Di–So 10–17 Uhr | Apostelstr. 84 | www.binnenschifffahrtsmuseum.de*

MUSEUM KÜPPERSMÜHLE [136 C2]
Eine repräsentative Sammlung zur Gegenwartskunst. Hier sind die verschiedenen Strömungen der deutschen Malerei seit den 1960er-Jahren

unter dem Dach des historischen Mühlengebäudes versammelt. *Mi 14–18, Do–So 11–18 Uhr | Philosophenweg 55 | www.museum-kueppersmuehle.de*

WILHELM-LEHMBRUCK-MUSEUM [136 B3]
Der Name ist Programm: In Park und Gebäude werden eine Sammlung internationaler Skulpturen des 20. Jhs. und das Lebenswerk des Expressionisten Lehmbruck gezeigt. *Di–Sa 11–17, So 10–18 Uhr | Friedrich-Wilhelm-Str. 40 | www.lehmbruckmuseum.de*

ESSEN & TRINKEN

CAFÉHAUS DOBBELSTEIN [136 B3]
Wer vom Shoppen eine Pause braucht: Hier bekommt man noch ein richtiges Stück Torte! Probieren sollten Sie die Duisburger Knuspertorte. *So geschl. | Königstr. 23–25 | www.konditorei-dobbelstein.de*

IM EICHWÄLDCHEN [130 B4]
Wildschweinterrine mit Essigzwetschgen und Feldsalat: So startet ein Gourmetabend. *Tgl. | Im Eichwäldchen 15c | Tel. 0203/78 73 46 | www.imeichwaeldchen.de | €€€*

WALSUMER HOF [130 B1] Inside Tipp
Muscheln und Fisch satt im Schatten des Kohlekraftwerks! Das Restaurant hat das Flair einer alten Fischerspelunke – aber mit sehr guter Küche. Reservierung empfohlen. Hier teilt man den Tisch auch schon mal mit anderen Gästen, wenn es eng wird. *Mo/Di geschl. | Rheinstr. 16 | Tel. 0203/49 14 54 www.walsumerhof.de | €–€€*

Insider Tipp

ZOLLHAUS [130 B–C2]

Skurriles Ambiente: Am Eingang zum Freihafen im Stadtteil Ruhrort werden Hungrige mit und ohne Schlips im Zollhaus zu reellen Preisen satt: Salate, Fisch und Saisonangebote lohnen einen Stopp. *Sa geschl., So nur Brunch | Im Freihafen 2 | Tel. 0203/500 69 80 | www. zollhaus-duisburg.de | €*

ÜBERNACHTEN

FERROTEL   [136 B3–4]

Edles Design, das die Industriekultur und Architektur des Ruhrgebiets in ein Hotelerlebnis verwandelt. Schalttafeln und Kompressoren sind Dekoration, Drinks gibt es in der „Löschzentrale". 30 Zi. | *Düsseldorfer Str. 122–124 | Tel. 0203/28 70 85 | Fax 28 77 54 | www.sorat-hotels.com | €€*

HOTEL AM STADION [130 C3]

Ein Hotel direkt am Sportpark Wedau, eines der größten Sport- und Erholungsgebiete Deutschlands. Gute Wochenendpreise! *18 Zi. | Kalkweg 26 | Tel. 0203/72 40 24 | www.hotel amstadion.de | €*

JUGENDHERBERGE NORD [130 C2]

Die Unterkunft ist ganz neu und in einem alten Gebäude im Landschaftspark Duisburg-Nord gelegen. *140 Betten | Lösorter Str. 133 | Tel. 0203/41 79 00 | €*

LANDHAUS MILSER [130 C4]

Liegt idyllisch an einem See, mediterranes Ambiente. Der Gewichtheben-Olympiasieger von 1984, Rolf Milser, bietet seinen Gästen eine große Palette von Fitnessmöglichkeiten an. *60 Zi. | Zur Sandmühle | Tel.* 0203/758 00 | *Fax 758 01 99 | www. landhausmilser.de | €€€*

FREIZEIT & SPORT

HAFENRUNDFAHRT [130 C2–3]

Auf 36 km Länge windet sich der Rhein durchs Duisburger Stadtgebiet, Jahr für Jahr laufen etwa 25 000 Schiffe den Hafen an, davon allein 1500 flussgängige Seeschiffe. Von März bis Oktober fährt die Weiße Flotte Duisburg durch den Wasserteil der Stadt, und dabei kann man erfahren, dass Duisburg mehr Brücken besitzt als Venedig. *Tel. 0203/713 96 67 | www.wf.duisburg.de*

AM ABEND

DELTA MUSIC PARK [130 B–C1]

Großdisco im Zirkuszelt. Fünf Ebenen. *Mi 20–4 Uhr, Fr/Sa 22–6 Uhr | Hamborner Str. 40 | www.delta-park. com/duisburg*

KULTKELLER DUISBURG ▶▶ [136 A3]

Diskothek im Gewölbekeller. Coole Musik und Mottopartys. Crossover und Disco Explosion. *Tgl. ab 22 Uhr | Steinsche Gasse 48 | www.kultkel ler.com*

AUSKUNFT

DUISBURG MARKETING [136 B3]

Königstr. 86 | 47051 Duisburg | Tel. 0203/28 54 40 | www.duisburgnon stop.de

ESSEN

KARTE AUF SEITE 137

[131 E–F 2–3] **Sie ist die Stadt mit den zwei Gesichtern: Das Nordgesicht ist auch heute noch gezeichnet vom Bergbau, ob-**

wohl hier bereits 1986 der „Deckel auf den letzten Pütt" kam. Noch immer überragen Schornsteine und Fördergerüste der *Zeche Zollverein* die Stadt, aber sie sind zu Symbolen für einen spektakulären Neuanfang geworden.

Das Südgesicht Essens ist der Ruhr zugewandt: Wäldchen, sanfte Hänge über dem Fluss, Villenviertel. Die Fachwerkorte *Werden* und *Kettwig* bilden den südlichen Rand dieser kontrastreichen Stadt. In der Mitte liegt Essens Handels- und Dienstleistungszentrum mit den typischen Einkaufsstraßen. Nicht zu übersehen sind die Bürotürme der großen Konzerne, die sich zu einer protzigen Skyline formieren: Essen (582 000 Ew.) demonstriert gerade hier, dass es schon lange keine Bergbaustadt mehr ist und nun zu Recht – stellvertretend für die ganze Region – den Titel der „Kulturhauptstadt 2010" getragen hat.

▩ SEHENSWERTES ▩

DESIGN ZENTRUM NRW   [131 F2]

Untergebracht im alten *Zollverein-Kesselhaus*, das nach Plänen des Architekten Sir Norman Foster hergerichtet wurde. Vor der Kulisse der alten Kessel ist preisgekröntes Produktdesign ausgestellt – vom Besteck über die Sägemaschine bis zur Badezimmerkeramik. *Di–Do 11–18, Fr–So 11–20 Uhr | Gelsenkirchener Str. 181 | Halle 7 | www.red-dot.de*

DOMSCHATZ   [137 E4]

Die Schatzkammer des *Essener Münsters* birgt sakrale Kostbarkeiten von außerordentlicher kunst- und kirchengeschichtlicher Bedeutung. Besondere Verehrung wird der Goldenen Madonna, der ältesten vollplastischen Marienfigur des Abendlands, zuteil. *Di–Sa 10–17, So 11.30–17 Uhr (an kirchlichen Feiertagen geschl.) | Burgplatz 2 | www.domschatz-essen.de*

Sonnensegel in verschiedenen Grüntönen regeln den Lichteinfall im Design Zentrum NRW

KOKEREI UND
ZECHE ZOLLVEREIN [131 F2]

Fast 1 km lang ist die Anlage der *Kokerei* – ein recht junges Industriedenkmal, wurde sie doch erst 1993 stillgelegt, nach gut 30 Jahren Betrieb. In 304 aneinandergereihten Koksöfen wurde Kohle rund 24 Stunden lang bei über 1000 Grad „gebacken", um Koks als wichtigen Grundstoff für die Roheisenproduktion herzustellen. Fast 100 m hoch sind die Schornsteine. Die alten, siloartigen Bunker sind heute Ausstellungsfläche. Der Besuch lohnt, wenn gerade eine Ausstellung läuft; oder Sie machen einen geführten Rundgang. Nachts verwandelt sich diese Landmarke durch Beleuchtung in eine **rot glühende Skulptur.** Im Lager der Salzhalle wartet die spannende Ausstellung **„Palast der Projekte"** des russisch-amerikanischen Künstlers Ilya Kabakov.

Insider Tipp

Insider Tipp

Im Sommer lädt hier ein Minifreibad in Containern im Schatten der Schornsteine zum Sprung ins kühle Nass ein. Im Winter wird das 600 m lange Wasserbecken unterhalb der Koksofenbatterie zu einer Schlittschuhbahn. *Arendahls Wiese | Tel. 0201/279 83 30 und 830 12 75 (Infopunkt der Kokerei)*

Die Anlagen der ★ *Zeche Zollverein* und der gleichnamigen Kokerei gehören zum Unesco-Weltkulturerbe. Der Anblick des riesigen Doppelbock-Fördergerüsts von Schacht 12 der Zeche ist für Ruhrgebietsanfänger überwältigend. Umgeben ist der Turm von denkmalgeschützter Architektur: Gebäudekuben aus Stahlfachwerk und Backstein, sehr schlicht, sehr elegant, sehr funktional. 1928–32 wurde diese Kathedrale der Industriekultur errichtet. Bei der Eröffnung war sie die größte und modernste Zeche der Welt. In alle Hallen ist mittlerweile neues Leben eingekehrt: Das *Besucherzentrum für die Route der Industriekultur* befindet sich in der ehemaligen Kohlenwäsche. Übrigens: Nur ein einziger Abschnitt der Zeche ist so gut wie unverändert geblieben: der Wagenumlauf unter dem Förderturm, heute *Museumspfad Zollverein.* Hier liegt noch Kohle in der Luft, und besser als in Begleitung eines echten alten Bergmanns lässt sich die Kohlevergangenheit kaum wieder zum Leben erwecken, also sollten Sie unbedingt eine Führung buchen. *Gelsenkirchener Str. 181 | Tel. 0201/24 68 10 | www.zollverein.de*

Moderner Tanz mit sehenswerten Programmen ist ebenfalls auf dem Gelände zu sehen. Internationale Uraufführungen, offene Profitrainings u. v. m. sind für Tanzfans ein Muss! *Pact Zollverein/Choreographisches Zentrum NRW | Bullmannaue 20 | Tel. 0201/289 47 00 | www.pact-zollverein.de*

Insider Tipp

MARGARETHENHÖHE [131 E3]

Insider Tipp

Eine mustergültige Gartenstadt! Namensgeberin und Stifterin war Margarethe Krupp. Gebaut wurde dieses südländisch anmutende Gesamtkunstwerk des Wohnungsbaus ab 1909. Wechselnde Straßenbilder, Laubengänge, Gärten, begrünte Häuschen, ein Marktplatz mit Brunnen. *Zugang über die Sommerburgstraße | Führungen: Bertha-von-Krupp-Stiftung | Tel. 0201/71 24 55 | www. essen-margarethenhoehe.de*

MUSEUM FOLKWANG ▶▶ [137 D6]

„Das schönste Museum der Welt": Mit dieser Ausstellung startete das neue Folkwang-Museum – berühmt für seine Sammlung deutscher und französischer Malerei des 19. Jhs. – kurz nach der Eröffnung Anfang 2010 richtig durch. Viel Lob gab's auch für das architektonische Konzept von David Chipperfield, das den Altbau mit Innenhöfen und Wandelhallen ergänzt. *Di–So 10–18 Uhr (Fr bis 22.30 Uhr) | Museumsplatz 1 | www.museum-folkwang.de*

RUHR-MUSEUM [131 F2]

Naturhistorie trifft Kulturgeschichte. Dafür kann es keinen besseren Platz als den Ort geben, wo der Rohstoff zur Ressource wurde: In der Kohlenwäsche auf Zollverein erzählt das Ruhr-Museum mit seinem in 100 Jahren gewachsenen Sammlungsbestand die faszinierende Geschichte einer der größten Industrieregionen der Welt. *Di–So 10–20 Uhr (Fr bis 24 Uhr) | Gelsenkirchener Str. 181 | www.ruhrmuseum.de*

SCHURENBACHHALDE ☼ [131 E–F2]

Kein Geringerer als der Künstler Richard Serra hat das kahle, schwarze, gewölbte Gipfelplateau der Halde in Altenessen mit einer Skulptur veredelt: Die „Bramme" aus Stahl ragt 15 m aus dem Boden in den Himmel. Die Halde bietet bei klarem Wetter eine wunderbare Aussicht und ist bequem zu erreichen über eine **Stahltreppe** von der *Emscherstraße* aus.

Insider Tipp

VILLA HÜGEL ★ [131 E3]

Weniger eine Villa, vielmehr ein Schloss hat Alfred Krupp um 1873 nach seinen eigenen Plänen als Wohnsitz für seine Familie errichten lassen. Eingebettet ist das Gebäude in einen wunderschönen alten Park, der zur Ruhr hin abfällt. Zu Konzerten und großen Ausstellungen werden die Säle der Villa geöffnet. Ansonsten müssen Sie am Parkeingang (tgl. 8–20 Uhr) ein minimales Eintrittsgeld bezahlen und können dafür eine der beiden Dauerausstellungen zur Firmen- und zur Familiengeschichte besuchen. *Di–So 10–18 Uhr | Haraldstraße | Tel. 0201/61 62 90 | www.villahuegel.de*

■ ESSEN & TRINKEN ■

AMPÜTTE [131 E3]

Insider Tipp

Diese alte Kneipe steht bis jetzt in keinem Gastroführer. Hierher kann man auch noch spät gehen, besonders, wenn sowieso schon alles egal ist. Begegnung mit redseligen Einheimischen garantiert! *Di geschl. | Rüttenscheider Str. 42 | Tel. 0201/ 77 55 72 | €*

BAHNHOF SÜD ▶▶ [131 F3]

Der ausrangierte Bahnhof (die S-Bahn hält hier aber immer noch) bietet echtes Studentenkneipenfeeling. Günstiger Mittagstisch. *Tgl. | Rellinghauser Str. 175 | Tel. 0201/ 23 65 75 | €*

GUMMERSBACH [131 E2]

Falsche Stadt? Nein, das Restaurant am Rand des Borbecker Schlossparks heißt nach seinen Besitzern. Und die sorgen mit viel Charme, guter Küche und Herzlichkeit dafür, dass der Gast zum kulinarischen Wiederholungstäter wird. Uriges Highlight zweimal im Monat: der

„Hummer-Spaß", eine All-you-can-eat-Gourmetvariante mit Aioli und Beurre blanc. *Di geschl.* | *Fürstenbergstr. 2* | *Tel. 0201/67 64 64* *www.gummersbach-essen.de* | €€–€€€

Fördergerüst. Die mit Designklassikern eingerichteten Zimmer sind ein Erlebnis. *17 Zi.* | *Rotthauser Str. 40* | *Tel. 0201/38 45 70* | *Fax 384 57 19* | *www.alte-lohnhalle.de* | €€

Die Krupp-Villa Hügel: ein schönes Beispiel für die Verwandlung von Kohle in „Kohle"

HANNAPPEL   [131 F2–3]

Das Restaurant rangiert in den Gourmetführern auf vorderen Plätzen: Knut Hannappels Küche gehört zu den besten des Reviers, und die Wandlung einer ehemaligen Eckkneipe zu einem Spitzenrestaurant ist gelungen! *Di geschl.* | *Dahlhauser Str. 173* | *Tel. 0201/53 45 06* | *www.restaurant-hannappel.de* | €€€

■ ÜBERNACHTEN

Insider Tipp

ALTE LOHNHALLE 📶   [131 F1–2]

Um 1900 im neogotischen Stil erbaut, steht die Halle neben dem alten

MINTROPS LANDHOTEL
BURG ALTENDORF 📶   [131 F3]

Mittelalterliche Atmosphäre nahe einer alten Burgruine, Zimmer mit Baldachinen und Fackelleuchten. Restaurant mit monatlich wechselnder Karte. *67 Zi.* | *Schwarzensteinweg 81* | *Tel. 0201/57 17 10* | *Fax 571 51 47* | *www.hotel-mintrop.de* | €€

MINTROPS STADTHOTEL
MARGARETHENHÖHE 📶   [131 E3]

Mitten in der schönen Gartenstadt Margarethenhöhe. Alt- und Neubau sind liebevoll eingerichtet. *30 Zi.* |

Steile Str. 46 | Tel. 0201/438 60 | www.margarethenhoehe.com | €€€

SCHLOSS HUGENPOET    [131 D4]
Aus dem 17. Jh. stammt dieses Wasserschloss, den historischen Gemäuern angepasst ist das Mobiliar: antik mit schweren Vorhängen. Angemessen tafeln lässt es sich im Restaurant *Nero,* und die legere Note pflegt das *Hugenpöttchen* mit kreativer Landhausküche. *25 Zi. | August-Thyssen-Str. 51 | Tel. 02054/120 40 | Fax 12 04 50 | www.hugenpoet.de | €€€*

Insider Tipp

ÜBERNACHTEN IM SCHATTEN DES FÖRDERTURMS
Gäste aufnehmen hat im Ruhrgebiet eigentlich Tradition: Früher haben die Familien meist „Kostgänger" beherbergt. Heute beantworten sie die vielen Fragen ihrer Logisgäste. *Zollverein Touristik | Arendahls Wiese | Tel. 0201/860 59 40 | Fax 860 59 44 | www.zollverein-touristik.de | €*

FREIZEIT & SPORT

BALDENEY-SEE   [131 E–F3]
In Essens Süden ist die Ruhr gestaut: Rund um den Baldeney-See lässt sich herrlich skaten und Rad fahren. Die durchgängig geteerten Straßen am Südufer eignen sich dafür am besten. *Zugang: Neukirchener Mühle/Hardenbergufer | www.baldeney-see.de*

GRUGA   [131 E3]
Ein würdevoller alter Park, der 1929 aus der „Großen **Ru**hrländischen **Ga**rtenbauausstellung" entstand. Rosenrabatten, Dahlienbeete, Gewächshäuser erstrecken sich hinter der großen Veranstaltungshalle der Gruga.

Außerdem: gleich drei Restaurant-Cafés. *Külshammer Weg 32 | www.grugapark.de*

AM ABEND

AALTO-THEATER   [137 E4]
Nach Plänen des weltberühmten finnischen Architekten Alvar Aalto errichtet und Spielort der *Essener Oper,* einer der besten Deutschlands. *Opernplatz 10 | Tel. 0201/812 22 00 | www.aalto-theater.de*

COLOSSEUM-THEATER   [137 D4]
Das Musicaltheater ist schon als Gebäude sehenswert. Das Theater ist in eine gigantische Werkshalle eingebaut worden. Wechselnde Produktionen, die meiste für ein paar Monate gastieren. Restauration. *Altendorfer Str. 1 | Tel. 0201/240 20 | www.colosseumtheater.de*

FOLKWANG HOCHSCHULE   [131 E3]

Insider Tipp

Aus ihr sind berühmte Tänzer, Regisseure und Musiker hervorgegangen. Pina Bausch ist vielleicht die Berühmteste. In der ehemaligen Werdener Abtei gelegen, wird in der neuen Aula, im Kammermusiksaal und im Schauspielstudio Programm geboten. *Klemensborn 39 | Tel. (Kartenbestellung) 0201/490 32 31 | www.folkwang-hochschule.de*

DISCO HOTEL SHANGHAI   [137 F5]
Ein liebevoll im asiatischen Stil eingerichteter Club, der aus der Essener Electro-Szene nicht mehr wegzudenken ist. Ein Balkon über der langen Theke gewährt guten Blick auf die Tanzfläche. *Di/Mi ab 20 Uhr zur Lounge, Fr/Sa ab 22 Uhr | Steeler Str. 33 | www.hotelshanghai.de*

PHILHARMONIE ESSEN [137 E6]
Internationale Künstler gastieren in dem 2004 eröffneten Konzerthaus. Ausgezeichnete Akustik auf allen 1500 Plätzen. *Huyssenallee 53 | Tel. 0201/81 22 88 01 | www.philharmonie-essen.de*

„RÜ" ▶▶ [131 E3]
So nennen die Essener liebevoll die Rüttenscheider Straße. Alteingesessene und ganz neue Kneipen – hier trifft sich die Essener Szene jedes Alters. *Anfahrt mit der Straßenbahn bis Martinstraße*

ZECHE CARL ▶▶ [131 F1]
Malakowturm, Maschinenhalle und Kasinogebäude stehen noch und haben sich den Ruf eines überregional bekannten jungen Kulturzentrums erworben, mit Kneipe, Disco und Konzerten. *Wilhelm-Nieswandt-Allee 100 | Tel. 0201/834 44 10 | www.zeche carl.de*

■ **AUSKUNFT**

TOURISTIKZENTRALE ESSEN [137 E5]
Am Hauptbahnhof 2 | 45127 Essen | Tel. 0201/194 33 u. 887 20 50 | www.essen.de

GELSEN-KIRCHEN

 KARTE IN DER HINTEREN UMSCHLAGKLAPPE

[126 B–C 5–6] Schalke! Das ist wahrhaftig ein Stadtteil von Gelsenkirchen, und jeder verbindet damit den legendären Fußballverein, gegründet im Jahr 1904. Diese Stadt (267000 Ew.) verlangt von ihren Besuchern den Blick in die

Naherholungsgebiet und bekannte Ruderregattastätte: der Baldeney-See in Essen

„Ecken", in denen sich alte Zechensiedlungen neben moderner Architektur präsentieren, klassische alte Gärten neben dem Industriewald, das stillgelegte Bergwerk „Hugo" neben den fünf Häfen am Rhein-Herne-Kanal.

■ SEHENSWERTES

NORDSTERNPARK   [126 B–C6]

Er liegt auf dem Gelände der gleichnamigen, 1993 stillgelegten Zeche. 1 km² groß ist das Areal, das im Rahmen der Bundesgartenschau 1997 als Naherholungsfläche hergerichtet wurde. Über ein weitläufiges Wegesystem offenbart sich ein Park, der die Künstlichkeiten der Industrielandschaft inszeniert. Auf einer Open-Air-Bühne am Kanal finden im Sommer Konzerte statt. *Zugang über die Nordsternstr. 1 | www.nordstern park.de*

SIEDLUNG SCHÜNGELBERG   [126 C6] Insider Tipp

Nach dem Torbogen wird der Blick frei auf die wohl schnuckeligste denkmalgeschützte Gartenstadtsiedlung des Ruhrgebiets. Nebenan ragen die gewaltigen Gebäude des stillgelegten Bergwerks Hugo auf, an der südwestlichen Seite grenzt die Siedlung an die gigantische *Rungenberghalde.* Diese ist mittlerweile grün, ❀ und eine steile Treppe führt in den gespaltenen Gipfel, der nach einem Künstlerentwurf geschüttet wurde und mit einer Lichtinstallation aufwartet. *Der Zugang ist von der Horster Straße aus ausgeschildert: „Siedlung Schüngelberg", Rundgang an der Gertrudstraße beginnen*

❯ BLOGS & PODCASTS
Gute Tagebücher und Files im Internet

Insider Tipp

SKULPTURENWALD RHEINELBE [U F5]

Mitten in der Stadtlandschaft tauchen Spaziergänger in einen Zechenwald-Dschungel ein, der in aller Ruhe nach Stilllegung der *Zeche Rheinelbe* 1930 sich selbst überlassen wachsen konnte. Augenfällig sind die Skulpturen, wie zum Beispiel das Tor am Eingang des Geländes. Überall in diesem wilden Industriewald sind die Werke des Künstlers Herman Prigann zu entdecken. Ganz im Süden ragt die ✿ *Halde Rheinelbe* als schwarzer Kegel in den Himmel, künstlerisch geschüttet und gekrönt von einer Skulptur aus Fundamenten. Erklimmen lohnt sich: ein fantastischer Blick! Sehr auskunftsfreudige Förster finden Sie in der *Forststation (Leithestr. 35 | Tel. 0209/147 48 44)* in dem alten Schalthaus auf dem Gelände.

SOLAREXPO [U E–F6]

Nachdem der Energieträger Kohle Gelsenkirchens Leben 150 Jahre lang bestimmt hat, setzt die Wirtschaft jetzt auf die Sonne. Mit der Solarfabrik hat die Deutsche Shell AG die Stadt zu einem Solarstandort gemacht. Weitere Infos gibt es im *Besucherzentrum* mit einer Ausstellung zur Fotovoltaik. *Wissenschaftspark Rheinelbe | Munscheidstr. 14 | Tel. 0209/167 10 00 | tgl. 8–19 Uhr | www.solarexpo.de*

STÄDTISCHES MUSEUM IN GELSENKIRCHEN-BUER [126 B–C5]

Die beeindruckende Kunstsammlung zeigt neben Gemälden auch viele kinetische Objekte. Hochrangige Werke des französischen und des deutschen Impressionismus und Expressionismus sind hier zu finden. *Di–So 11–18 Uhr | Horster Str. 5–7*

VELTINS-ARENA ★ [126 C5–6]

Dieses Stadion hat Furore gemacht: mit herausfahrbarem Rasen und

Archaisches Kunstwerk: die 10 m hohe „Himmelsleiter" auf der Halde Rheinelbe

schließbarem Dach. Unter der „Rasenschublade" befindet sich ein Veranstaltungsboden für die unterschiedlichsten Top-Events. 62 000 Menschen finden hier ein trockenes Plätzchen. *Kurt-Schumacher-Str. 284A | Ticket-Tel. 01805/15 08 10 | www.arena-auf-schalke.de*

In der Arena ist auch das *Schalke-Museum* untergebracht, das die wechselvolle Geschichte des Vereins wieder lebendig werden lässt. *Di–Fr 10–19, Sa/So 10–17 Uhr*

Übrigens: Der erste feste Spielort der „Königsblauen" ist im Vergleich mit der Arena richtig gemütlich: Die *Glückaufkampfbahn* wurde 1928 eingeweiht, das notwendige Land von der Zeche gepachtet. Eine Besonderheit war damals die überdachte Sitzplatztribüne für 100 Zuschauer. Das gepflegte Stadion ist auch heute noch in Betrieb, z. B. zum Public Viewing, und liegt – natürlich – am *Ernst-Kuzorra-Weg 1 (Tel. 0209/361 80 | www.schalke04.de)*.

■ ESSEN & TRINKEN

BOCHUMER STRASSE [U F5–6]

Insider Tipp

Ein Tipp für alle, die gut und günstig essen wollen: Die Bochumer Straße ist vielleicht nicht die erste Adresse der Stadt, sie zeigt sich jedoch einfach und international. Gegenüber vom Wissenschaftspark Rheinelbe bietet ein kleines türkisches Lokal den besten Lammspieß weit und breit, ein paar Schritte weiter sollte man die gute spanische Küche im *Maritima* genießen. Im weiteren Straßenverlauf warten noch ein Chinese, ein Grieche und natürlich die reviertypische Pommesbude.

HAUS WIESCHEN [126 C5]

Praktisch gelegen in der Nähe der Veltins-Arena. Geführt wird das Restaurant von waschechten Gelsenkirchenern, die leckere gutbürgerliche Küche in großen Portionen anbieten. *Tgl. | Adenauerallee 135 | Tel. 0209/ 729 66 | €€*

MEZZOMAR [126 C5]

Ristorante, Winebar und Lounge: Neben Klassikern aus der italienischen Küche gibt es „Abendbrot à la Apulien" mit Provolone. *Tgl. | Springemarkt 2 | Tel. 0209/702 25 35 | www.mezzomar.de | €–€€*

SCHLOSS BERGE [126 C5]

Feudal tafeln lässt es sich in der Wasserburg im spätbarock-klassizistischen Stil. Romantisches Special ist das Candlelight-Dinner für Verliebte. *Tgl. | Adenauerallee 103 | Tel. 0209/177 40 | www.schloss-berge.net | €€–€€€*

■ ÜBERNACHTEN

INTERCITYHOTEL 🔊 [U F3–4]

Ganz praktisch, weil in der Nähe des Hauptbahnhofs gelegen. Im Zimmerpreis enthalten ist ein Ticket zur Nutzung des gesamten öffentlichen Nahverkehrs im Rhein-Ruhr-Gebiet. *135 schallisolierte Zimmer | Ringstr. 1–3 | Tel. 0209/925 50 | Fax 925 59 99 | www.intercityhotel.com | €€*

PRIVATZIMMER

Ferienapartments und Zimmer sind in Gelsenkirchen schon ab einer Übernachtung zu bekommen. *Vermittlung Falkenhagen: 19 Zi. | Buchungen: Tel. 0209/17 70 92 33 oder www.privatzimmervermittlung.eu | €*

■ FREIZEIT & SPORT

GELSENTRABPARK [126 B–C6]

Der Trabrennsport in Gelsenkirchen hat Tradition. Auf der 1200-m-Rechtskurs-Rennstrecke sind oft Weltklassepferde am Start. 80–90 Renntage pro Jahr; donnerstags und sonntags. *Win Race Rennverein e. V. |*

Nienhausenstr. 42 | Tel. 0209/409 20 | info.winrace.de/gelsentrabpark/

REVIERPARK NIENHAUSEN   [131 F1]

„Activarium" ist der Untertitel: Saunalandschaften, Solebecken, Solarium, Freibad mit Wellenmaschine.

mit der „schwebenden", gläsernen Fassade. Durch das Zusammenspiel mit den Werken verschiedener Künstler wie Ives Klein, Norbert Kricke, Paul Dierkes usw. ist ein Gesamtkunstwerk entstanden. Neben zeitgemäßem Musiktheater werden

Vereinsfarben vereinen: Was für die Dortmunder Gelb-Schwarz, ist „auf" Schalke Blau-Weiß

Feldmarkstr. 201 | Tel. 0209/94 13 10 | www.revierpark-nienhausen.de

■ AM ABEND

KAUE ▶▶   [126 C6]

Kleinkunst, Kabarett, Comedy in den Hallen der Zeche Wilhelmine Viktoria. *Wilhelminenstr. 174 | Tel. 0209/ 949 01 31 | www.emschertainment.de*

MUSIKTHEATER IM REVIER   [U D2]

Aus dem Jahr 1959 ist das architektonische Juwel von Werner Ruhnau

hier Produktionen des international bekannten und gefeierten experimentierfreudigen Balletts Schindowski gezeigt. *Kennedyplatz | Tel. 0209/ 409 72 00 | www.musiktheater-im-revier.de*

■ AUSKUNFT

TOURIST-INFORMATION GELSENKIRCHEN   [U D3]

Ebertstr. 20 | 45879 Gelsenkirchen | Tel. 0209/95 19 70 | www.gelsenkirchen.de

HERNE

[127 D–E6] **In den 1920er-Jahren wurde Herne (170 000 Ew.) die „Goldene Stadt" genannt.** Eine Ahnung von dem einstigen Reichtum, den die Zechenbarone mit dem schwarzen Grubengold machten, bekommen Besucher noch heute beim Anblick der historischen Repräsentationsbauten wie den beiden Rathäusern in Herne und Wanne oder den aufwendig gestalteten Jugendstilfassaden rund um die *Bahnhofstraße* im Zentrum Hernes. Nach dem Zechensterben in den 1960er- und -70er-Jahren wurde auch in Herne der Prozess des Strukturwandels angestoßen, die Stadt ist auf dem Weg, sich einen Namen als Logistikstandort zu machen.

>LOW BUDGET

> *Dortmunder Nordmarkt:* Frisches zum günstigen Preis einkaufen kann man auf dem schönen Multikulti-Markt in der Nordstadt. *Di u. Fr 8–14 Uhr | Innenstadt-Nord | Mallinckrodtstraße*

> Lecker sparen am Familientag: Sonntags gibt es im *Restaurant Frintrop* in Oberhausen zu jedem Hauptgericht für die Großen eins für die Kleinen (bis 12 Jahre) gratis. *Mühlenstr. 116 | Tel. 0208/87 09 75 | www.restaurant-frintrop.de*

> Tag des offenen Turms: Von März bis November bieten an jedem 3. Samstag im Monat kostenlose Führungen auf den ✴ Essener *RWE-Turm* (120 m) spannende Aussichten. *10–15 Uhr, jeweils zur vollen Stunde | Opernplatz 1 | www.essen.de*

Bereits seit langer Zeit steht Herne für ein besonderes Vergnügen: die *Cranger Kirmes.* Seit Mitte des 15. Jhs. wird im August zehn Tage und Nächte lang gefeiert. Das größte Volksfest in NRW verwandelt den Stadtteil Crange dann in Deutschlands zweitgrößten Rummelplatz.

▶ SEHENSWERTES

AKADEMIE MONT-CENIS ⭐

Zweifelsohne das eindrucksvollste Gebäude des „neuen" Ruhrgebiets: die 1999 eingeweihte Fortbildungsakademie des Landes NRW auf dem Gelände der ehemaligen Zeche Mont-Cenis. Die schöne neue Welt besteht aus einer „Mikroklimahülle" aus Holz, Stahl und Glas – 180 m lang, 75 m breit, 15 m hoch. Sie umspannt neben den Akademiegebäuden des Innenministers mit Hotel einen Bürgersaal mit Bücherei sowie eine Cafeteria. In die Dachfläche wurde das weltweit größte Solarkraftwerk seiner Art integriert. *Mont-Cenis-Platz 1 | Tel. 02323/16 23 01 | www.akademie-mont-cenis.de*

SCHLOSS STRÜNKEDE

Das Wasserschloss Strünkede, einst Sitz des alteingesessenen gleichnamigen Rittergeschlechts, ist ein prachtvoller Frühbarockbau aus dem 16. und 17. Jh. Die Schlosskapelle von 1272 ist das älteste erhaltene Bauwerk im Stadtgebiet. *Di–Fr/So 10–13 u. 14–17, Sa 14–17 Uhr | Führungen n. V. | Tel. 02323/16 26 11 | Karl-Brandt-Weg 5*

SIEDLUNG TEUTOBURGIA

Eine Siedlung wie im Märchen, mit 136 nahezu vollständig erhaltenen,

Die Akademie Mont-Cenis symbolisiert eindrucksvoll das neue Ruhrgebiet

durchgehend denkmalgerecht und mit viel Liebe zum Detail restaurierten Häusern. Die 1909–23 als Werkssiedlung nach den Reformideen der Gartenstadt erbaute Siedlung gehört zu den schönsten und grünsten des Ruhrgebiets. *Baarestraße*

UNSER FRITZ 2/3 ▶▶
Die erste und älteste Künstlerzeche in NRW. Das idyllisch in einem Park nördlich des Rhein-Herne-Kanals gelegene Industriedenkmal wurde renoviert und dient Herner Künstlern und Fotografen als Atelier. Besucher sind vor allem bei Ausstellungen willkommen. *Alleestr. 50 | Tel. 02325/ 39 34 | www.kuenstlerzeche.de*

WESTFÄLISCHES MUSEUM FÜR ARCHÄOLOGIE
Ungewöhnliche Einblicke in archäologische Welten – so in einen unterirdischen, 10 000 Jahre alten versteinerten Wald – gibt es in dem seit Frühjahr 2003 eröffneten Museum. Gezeigt werden mehr als 250 000 Jahre Menschheitsentwicklung im westfälischen Raum. *Di, Mi, Fr 9– 17, Do 9–19, Sa/So 11–18 Uhr | Europaplatz 1 | www.lwl-landesmuseum -herne.de*

■ ESSEN & TRINKEN
CAFÉHAUS
Noch vor zehn Jahren hat man sich über das marode Oma-Café lustig gemacht, heute ist es eines der schönsten Cafés im Ruhrgebiet. Suppen, Risottos und Süßes – einfach köstlich! *Tgl. | Behrensstr. 4 | Tel. 02323/ 91 77 65 | www.cafehaus-herne.de | €*

ELSÄSSER STUBE
Ein Stück Elsass im Herzen des Ruhrgebiets: Vom Flammkuchen bis zum Menü können Sie Küche „à l'alsacienne" genießen. *Tgl. | An der Kreuzkirche 5 | Tel. 02323/105 80 | www.elsaesser-stube.de | €€*

FORSTHAUS GYSENBERG
Mediterrane Küche mit regionalem Touch – neu und international. *Tgl. | Gysenberg 79 | Tel. 02323/644 47 | www.forsthaus-gysenberg.de | €€*

HERNE

NILS

Immer gut besuchtes Bistro mitten in der Innenstadt. Typische Bistroküche mit Gratins und frischen Salaten in sehr ansprechendem Ambiente. *Tgl. | Freiligrathstr. 21 | Tel. 02323/ 96 58 90 | www.nils-herne.de | €*

■ EINKAUFEN

KONFISERIE WIACKER

Hier bekommen Sie feinste hausgemachte Pralinen und Torten. *Neustr. 1 |*

■ ÜBERNACHTEN

PARKHOTEL

Bestes Hotel der Stadt, ruhig und idyllisch im Stadtpark gelegen. Anspruchsvolle Gastronomie, schöner Biergarten. *62 Zi. | Schaeferstr. 111 | Tel. 02323/95 50 | Fax 95 52 22 | www.parkhotel-herne.de | €€*

ZIMMER MIT FRÜHSTÜCK IM REVIER

Preisgünstige Vermittlung von Übernachtungsmöglichkeiten – von der Jugendstilvilla bis zur Studentenbude: *Martina Dietrich | An der Linde 36 | 44627 Herne | Tel. 02323/ 133 53 | Fax 133 54 | www.zimmer-im-revier.de | €*

■ FREIZEIT & SPORT

LAGO REVIERPARK GYSENBERG

Therme und Freizeitbad für die ganze Familie mit Riesenrutsche, Wellen-, Sol- und Freibad (Außenbecken ganzjährig), attraktivem Saunabereich mit Erd- und Dampfsaunen. *Mo–Fr 8–23, Sa 8–24, So 8–22 Uhr | Am Revierpark 40 | Tel. 02323/ 96 90 | www.gysenberg.de*

■ AM ABEND

FLOTTMANN-HALLEN ▶▶

Bis 1983 produzierten die Herner Flottmannwerke ihre weltberühmten Bohrhämmer für den Bergbau. Heute bestimmen Tanz, Kleinkunst, Kabarett, Ausstellungen und freies Theater das Programm in dem denkmalgeschützten, fünfschiffigen Jugendstil-

Komödie und Volksschauspiel: „Ronaldo und Julia" im Mondpalast von Wanne-Eickel

bau. Die *Flottmann-Kneipe* mit frischer Bistroküche ist täglich ab 19 Uhr geöffnet. *Flottmannstr. 94 | Tel. 02323/16 29 52 | www.flottmann-hallen.de*

MONDPALAST VON WANNE-EICKEL

Ob „Ronaldo und Julia" oder „Flurwoche" – mit dem volkstümlichen Theater hat sich Prinzipal Christian Stratmann seinen Traum von einer Ruhrgebietsbühne erfüllt. *Wilhelmstr. 26 | Herne-Wanne | Tel. 02325/ 96 81 96 | www.mondpalast.com*

◼ AUSKUNFT

STADTMARKETING HERNE
Kirchhofstr. 5 | 44623 Herne | Tel. 02323/91 90 50 | www.herne.de

MÜLHEIM

[131 D–E 2–3] Auf einer Länge von 14 km schlängelt sich die Ruhr durch Mülheim (170 000 Ew.) und prägt das Stadtbild mit ihren malerischen Auen und Ufern. Die Stadt am Fluss hat ihre industrielle Laufbahn schon viel früher als die anderen Ruhrgebietsstädte begonnen. Die Ruhr war schiffbar, an den Ufern standen die Mühlen, die der Stadt ihren Namen gaben, und nicht zuletzt nutzte die Leder- und Textilindustrie das Flusswasser. Mülheims Zukunft ist daher konsequent auch ans Wasser gebaut: Leben und Arbeiten in Flussnähe sind in und werden planvoll ausgebaut.

◼ SEHENSWERTES

ALTSTADT
Um 1200 entstand die *Petrikirche (Bogenstraße)* auf dem sogenannten Kirchenhügel und ist heute noch sein Wahrzeichen. Um sie herum entwickelte sich die historische Altstadt von Mülheim. Verwinkelte Straßen, bergische Fachwerkhäuser, Gaststätten und hübsche kleine Geschäfte finden die Besucher hier.

HAUS RUHRNATUR
Hier geht es um die Natur, die seit einiger Zeit dabei ist, ins Ruhrtal zurückzukehren. Das Museum bereitet ein spannendes Stück Naturgeschichte und die (Aus-)Nutzung des Flusses durch die Menschen und ihre Industrie auf. *Di–So 10–18 Uhr | Alte Schleuse 3 | www.haus-ruhrnatur.de*

KLOSTER SAARN
1214 von Zisterzienserinnen gegründet, ist Kloster Saarn heute geschichtsträchtiger Ausflugsort mit vielfältigem Kulturprogramm. Im Kellergewölbe gibt es Lokalgeschichte live zum Anfassen *(Mi, Sa, So 15–18 Uhr). Klosterstr. 55 | www. freunde-kloster-saarn.de*

Insider Tipp **LEDER- UND GERBERMUSEUM**
In der ehemaligen Lederfabrik informiert das Museum mit Dokumentationen, Werkzeugen und Filmen über die 350 Jahre alte Tradition des Mülheimer Gerberhandwerks. *Mi–So 14–18 Uhr | Düsseldorfer Str. 269 |* *www.leder-und-gerbermuseum.de*

haltene, Burganlage nördlich der Alpen. Im Sommer ist der Schlosshof ein beliebter Veranstaltungsort. In Richtung Ruhr können sich GartenliebhaberInnen an Apothekergarten, Biogarten und Staudenhang erfreuen.

Wer hoch hinaus will, sollte das *Aquarius Wassermuseum* in der

Franky´s: genießen vor und in Mülheims Wahrzeichen, dem Wasserbahnhof

MÜGA-PARK

Wie auf einer Perlenkette aufgefädelt liegen an Mülheims größtem Garten, der Mülheimer Landesgartenschau (MüGa) von 1992, die wichtigsten Sehenswürdigkeiten. So ist das alte *Schloss Styrum* mit seinem historischen Barockgarten der nördliche Endpunkt der MüGa. Bei einem Spazierweg durch die Auen der Ruhr erreicht man *Schloss Broich,* die älteste, aus spätkarolingischer Zeit er-

MüGa besuchen. Untergebracht ist es in einem alten Wasserturm: ausgefeilte interaktive Multimediatechnik führt an Themen wie Trinkwasserversorgung, Wasserwirtschaft und Ökologie heran. *Di–So 10–18 Uhr | Burgstr. 70 |* *www.aquarius-wasser* *museum.de*

PFARRKIRCHE ST. MARIAE GEBURT

Sie zählt zu den bedeutendsten Sakralbauten der frühen Moderne im

Rheinland. 1928/29 nach den Plänen des Architekten Emil Fahrenkamp gebaut, ist sie dem Bauhausstil verschrieben und zeigt hauptsächlich kubische Formen mit extrem hohen Rundbögen. Das Innere besticht durch seine schlichte, an eine Basilika erinnernde Form. *Althofstr. 1–5*

TERSTEEGENHAUS

Liebevoll präsentierte Stadtgeschichte und ihre kulturhistorischen Hintergründe. *Di 15–18, So 10–12 Uhr | Teinertstr.1*

ESSEN & TRINKEN

FRANKY'S AM WASSERBAHNHOF

Stilvolle, ausgefallene Gastronomie im Wahrzeichen Mülheims: Restaurant, Bistro mit Terrasse, Biergarten. Spezialität: Die Cocktails im Cuba Club erinnern an die Zeit von Frank Sinatra & Co. *Tgl. | Alte Schleuse 1 | Tel. 0208/388 29 63 | www.frankys-wasserbahnhof.de | €*

LANDHAUS HÖPPELER

Mit Blick aufs Ruhrtal serviert der kreative Chefkoch Peter Höppeler Bekanntes mit Pfiff, und er kauft Fleisch und Gemüse rein biologisch ein: Da schmeckt das Schnitzel vom Bio-Schweinchen mit knackigem Wintersalat und Röstkartoffeln doppelt gut! *Mo geschl. | August-Thyssen-Str. 123 | Tel. 02054/185 78 | www.landhaus-hoeppeler.de | €€*

MAUSEFALLE

Brauereiausschank mit deftiger hiesiger Küche im historischen Fachwerkhaus in der Altstadt. *Tgl. | Bogenstr. 8 | Tel. 0208/305 98 60 | www.mausefalle-muelheim.de | €*

ÜBERNACHTEN

HOTEL AM SCHLOSS BROICH ☍

Auf der linken Flußseite gelegen, ist die Innenstadt zu Fuß zu erreichen, genauso wie Stadthalle und Ringlokschuppen. Übrigens: Dies ist Deutschlands erstes Hotel, das für seine Energieversorgung eine Brennstoffzelle betreibt. *26 Zi. | Am Schloss Broich 27 | Tel. 0208/ 99 30 80 | Fax 993 08 50 | www. hotel-broich.com | €€*

HOTEL FRIEDERIKE

Klassische Stadtvilla nahe den Ruhranlagen und trotzdem in kurzer Entfernung zur City – ein stilvolles, kleines Hotel mit individuellem Charme. *28 Zi. | Friedrichstr. 32 | Tel. 0208/ 99 21 50 | Fax 992 15 45 | www. hotel-friederike.de | €€*

HOTEL MINTARDER WASSERBAHNHOF ☍

Liegt etwas außerhalb ruhraufwärts inmitten des idyllischen Ruhrtals mit eigener Schiffsanlegestelle. *33 Zi. | August-Thyssen-Str. 129 | Tel. 02054/ 959 50 | Fax 95 95 55 | www.hotel-wasserbahnhof.de | €*

FREIZEIT & SPORT

FAHRRÄDER

Die Stationen am Hauptbahnhof und am Bahnhof Mülheim-Styrum halten hochwertige Mieträder für jede Art von „Tour de Ruhr" bereit, auf Wunsch mit GPS. *Mo–Fr 5.30– 22.30, Sa/So 8–18.30 Uhr | Tel. 0208/ 84 85 70 (Hbf.), 40 20 00 (Styrum)*

AM ABEND

RINGLOKSCHUPPEN ▶▶

Das alte Gebäude ist eindeutig der gefragteste Treffpunkt – egal ob

Sommer oder Winter: Das „LOKal" lädt ein. An den großen Biergarten schließt sich ein Parkgelände an. Das alte Bahndepot ist interessante Location für Theater, Konzerte und Kabarett, die ehemalige Drehscheibe wurde zu einer einzigartigen Open-Air-Bühne umfunktioniert. *Am Schloss Broich 38 | Tel. 0208/ 99 31 60 | www.ringlokschuppen.de*

STADTHALLE

In dem geschichtsträchtigen Gebäude direkt an der Ruhr finden u. a. im Mai jedes Jahres die „Stücke" statt. Neueste Autoren, innovative Inszenierungen! *Theodor-Heuss-Platz 1 | Tel. 0208/940 96 10 | www.muehl heim-ruhr.de/stadthalle*

THEATER AN DER RUHR

1980 u. a. von dem Regisseur Roberto Ciulli gegründet, ist dieses vielfach preisgekrönte Theater dem Gedanken der Völkerverständigung verpflichtet und mittlerweile weltweit ein Begriff. *Akazienallee 61 | Tel. 0208/59 90 10 | www.theater-an-der-ruhr.de*

■ AUSKUNFT ■

MÜLHEIMER SERVICE & INFO CENTER
Synagogenplatz 3 | 45468 Mülheim a. d. Ruhr | Tel. 0208/96 09 60 | www. muelheim-ruhr.de

■ ZIEL IN DER UMGEBUNG ■

DIE RUHR PER SCHIFF   [131 D–F 3–4]

Hier an der Ruhr zeigt sich das Revier von seiner grünsten Seite. Von Frühjahr bis Herbst nehmen die Schiffe der „Weißen Flotte" Kurs auf alles Interessante entlang dem Ruhrufer bis nach Essen-Kettwig: auf den alten Ruhrlauf mit den Lederfabriken, das Kloster Saarn, die gigantische Ruhrtalbrücke der A 52, das Dorf Mintard oder das Wasserschloss Hugenpoet. Ein- und Aussteigen ist an vier Anlegestellen möglich, Verpflegung gibt es an Bord. Heimathafen ist der Wasserbahnhof auf der Mülheimer Schleuseninsel. *Info: Betriebe der Stadt Mülheim a. d. Ruhr | Tel. 0208/451 19 13*

Es gibt auch eine Alternative: auf einem Wikingerschiff-Nachbau die Ruhr in Ruhe erleben! Touren können Sie buchen unter *Tel. 0208/ 960 96 29 (Mülheimer Stadtmarketing u. Tourismus GmbH)*

OBERHAUSEN

[131 D–E2] **Um 1850 wurde hier unter den Sandhügeln in der kaum besiedelten Heidelandschaft erstmals Kohle gefunden. Damit war der Startschuss für die stürmische Entwicklung der Stadt gegeben.** In Oberhausen (222 000 Ew.) liegen Alt und Neu, Vergangenheit und Zukunft dicht beieinander. Nur wenige, dafür markante bauliche Hinterlassenschaften der Montanzeit wie der *Gasometer* oder selbst eine ganze Fabrik, die ehemalige *Zinkfabrik Altenberg,* sind noch erhalten und werden jetzt auf neue Art genutzt. Mit mindestens genauso großer Geschwindigkeit wie bei der Gründung der Stadt hat Oberhausen eine neue Mitte gesucht – und auch gefunden. In den 1990er-Jahren entstand auf einer ehemaligen Industriebrache im Norden der Stadt der bislang jüngste Stadtteil: die *Neue Mitte Oberhausen* – mit dem *CentrO,* Einkaufszentrum und Freizeitpark.

■ SEHENSWERTES ■
GASOMETER ★

Ein absolutes Muss! Die weithin sichtbare stählerne Tonne wurde 1929 als Zwischenspeicher für Kokereigas erbaut,1988 stillgelegt und zu der wohl ungewöhnlichsten Ausstellungshalle Europas umgebaut. Spektakuläre Projekte wie „The Wall" von

18 Uhr | Arenastr. 11 | Tel. 0208/ 850 37 30 | *www.gasometer.de*

HAUS RIPSHORST

Mitten im Gehölzgarten südlich des Rhein-Herne-Kanals liegt das Haus Ripshorst, es beherbergt verschiedene Umweltverbände. Unbedingt empfehlenswert: ein Spaziergang

Besonders bei Ausstellungen gewährt Oberhausens Gasometer interessante Einblicke

Christo und Jeanne-Claude stellten Besucherrekorde auf und machten den Gasometer überregional zu einem der bekanntesten Symbole des Ruhrgebiets. ✺ Von den Plattformen auf dem Dach dieser Industriekathedrale bietet sich aus 117 m Höhe ein atemberaubender Ausblick auf das westliche Ruhrgebiet. Direkt nebenan: das CentrO Oberhausen und die Ludwig-Galerie. *Di–So 10–*

zwischen alten Gingko-Bäumen. Im Gebäude erläutern Informationen die Naturschutzarbeit, wechselnde Ausstellungen rücken die heimische Flora und Fauna ins Blickfeld und Führungen stellen das 40-ha-Areal vor; zum Verschnaufen lädt die Sitzgruppe am Haus ein. *März–Okt. Di–So 10–18, Nov.–Feb. Di–So 10–17 Uhr | Ripshorster Str. 306 | Tel. 0208/883 34 83*

OBERHAUSEN

LUDWIG-GALERIE SCHLOSS OBERHAUSEN

Das Museum in der barock-klassizistischen Schlossanlage zeigt Wechselausstellungen zu zeitgenössischer Kunst und Fotografie. Hier finden Sie auch das *Besucherzentrum der Route der Landmarken-Kunst,* die zu künstlerisch inszenierten Höhepunkten der Industriegeschichte führt. *Di–So 11–18 Uhr | Konrad-Adenauer-Allee 46 | Tel. 0208/412 49 28 | www.ludwiggalerie.de*

RHEINISCHES INDUSTRIEMUSEUM

Die Zinkfabrik Altenberg in unmittelbarer Nähe des Hauptbahnhofs wurde 1981 geschlossen und 1997 als Museum wieder eröffnet. Riesige Kolosse wie ein 10 m hoher und 53 t schwerer Dampfhammer zeigen eindrucksvoll die 150-jährige Geschichte der Eisen- und Stahlindustrie an Rhein und Ruhr *(Di–So 10–17 Uhr | Hansastr. 18–20).* Auf dem Gelände ist auch das *Bürgerzentrum Altenberg* mit einem kommunalen Kino und einer Veranstaltungshalle untergebracht, in der Konzerte, Lesungen und DiscoAbende stattfinden *(Tel. 0208/859 78 17 | www.zentrumaltenberg.de).*

SEALIFE

Das Süß- und Meerwasseraquarium ermöglicht auf 3300 m² Ausstellungsfläche eine faszinierende Reise in die Tiefen der heimischen Unterwasserwelt. Rhein, Nordsee und Atlantik werden thematisiert. 100 Arten und 20000 Meeresbewohner sind zu bestaunen. *Tgl. 10–18.30 Uhr | Zum Aquarium 1 | www.sealife.de*

SIEDLUNG EISENHEIM Insider Tipp

Die älteste Arbeitersiedlung des Ruhrgebiets ist längst ein Mythos: 1897 fertiggestellt, sollte die Siedlung Eisenheim in den 1970er-Jahren abgerissen werden. Einer Bürgerinitiative gelang der Erhalt. 1988 wurde Eisenheim unter Denkmalschutz ge-

Kleine und große Räder im Getriebe der Stahlindustrie zeigt das Rheinische Industriemuseum

stellt. In einem der drei ehemaligen Gemeinschaftswaschhäuser richteten die „Eisenheimer" ein kleines Museum über die Bergmannskultur ein. *Werrastr. 1*

ESSEN & TRINKEN

FRINTROP

100 Jahre altes Gasthaus mit internationaler Küche, auf deren Karte auch Deftiges aus dem Ruhrpott zu finden ist. Die Weinkarte sucht im Ruhrgebiet ihresgleichen. Für weniger Betuchte gibt es das günstigere Bistro. *Tgl. | Mühlenstr. 116 | Tel. 0208/ 87 09 75 | www.restaurant-frintrop. de | €€ – €€€*

HACKBARTH'S RESTAURANT

Küche für gehobene Ansprüche in stilvollem Ambiente. *So geschl. | Im Lipperfeld 44 | Tel. 0208/221 88 | www.hackbarths.de | €€*

ÜBERNACHTEN

HOTEL ZUM EISENHAMMER

Zentral, aber ruhig gelegenes kleines Hotel. *22 Zi. | Zum Eisenhammer 8 | Tel. 0208/85 09 70 | www.rma-hotels. de | €*

HOTEL GERLACH-THIEMANN

Familiengeführtes 4-Sterne-Hotel, etwas außerhalb gelegen. Im angegliederten Restaurant können Sie sehr gut essen. *21 Zi. | Buchenweg 14 | Tel. 0208/62 09 00 | www.gerlach-thiemann.de | €€€*

HOTEL GASTHOF ZUM RATHAUS

„Bett & Bike" ist das Motto dieses ruhig und zugleich zentral gelegenen, komfortablen Hauses mit Restaurant. *22 Zi | Freiherr-vom-Stein-Str. 41 | Tel. 0208/85 83 70 | www.hotel-zum-rathaus.com | €*

FREIZEIT & SPORT

REVIERPARK VONDERORT

Freizeitbad mit Thermalsolebad, großzügigem Saunabereich, Wellenbad, Riesenrutsche und vielfältigen Sportmöglichkeiten. Ballonfahrten sind im südlichen Teil des Parks möglich. *Bottroper Str. 322 | Tel. 0201/869 53 27 | www.revierpark. com, www.ballonstart.de*

AM ABEND

EBERTBAD ▶▶

Im Jugendstilbad regelmäßige Kleinkunst- und Comedy-Veranstaltungen. *Ebertplatz 4 | Tel. 0208/205 40 24 | www.ebertbad.de*

THEATER OBERHAUSEN

Genießt überregionale Aufmerksamkeit und wurde mehrfach als „Bestes Theater der Saison" ausgezeichnet. Auf dem Programm stehen moderne Inszenierungen und Erstaufführungen. *Will-Quadflieg-Paltz 1 | Tel. 0208/857 80 | www.theater-oberhausen.de*

TURBINENHALLE

Diskothek mit großzügigen Tanz- und Gastrobereichen in ehemaliger Industriehalle; kleinere Rock- und Popkonzerte. *Im Lipperfeld 23 | Tel. 0208/250 50 | www.turbinenhalle.de*

AUSKUNFT

TOURISMUS UND MARKETING OBERHAUSEN

Willy-Brandt-Platz 2 | 46045 Oberhausen | Tel. 0208/82 45 70 | www. oberhausen-tourismus.de

> SANFTE HÜGEL, KLEINE ORTE

Am Rand des Reviers wandelt man auf den Spuren, die der Bergbau hinterlassen hat

> Diese Region saß schon immer ein bisschen zwischen den Stühlen: Halb noch zum Ruhrgebiet gehörend, zieht es sie schon mächtig Richtung Sauerland und Bergisches Land. Kein Wunder: Kleine Orte und viel hügelige Landschaft dazwischen bestimmen das Bild. Dabei stand hier, und nicht in der von der Schwerindustrie gezeichneten Emscherzone, die Wiege des Bergbaus an der Ruhr. Die Spurensuche im idyllischen Muttental ist allemal einen Ausflug wert.

Bild: das Ruhrtal

HAGEN

[133 D–E4] Vier Flüsse gibt es hier, wo Ennepe, Lenne und Volme in die Ruhr münden, zu bestaunen. Hagen (203 000 Ew.) selbst kämpfte lange mit Bausünden der Nachkriegszeit. Auch die Schwerindustrie, die Hagen geprägt hat, hat ihre Spuren hinterlassen. Moderner Städtebau hat der Stadt jedoch ein neues Selbstbewusstsein verliehen. Die Fernuniversität, die

HAGEN UND DER SÜDOSTEN

einzige in Deutschland, verhilft Hagen darüber hinaus zu überregionaler Bedeutung.

■ SEHENSWERTES ■

JUGENDSTIL UND HAGENER IMPULS

Auf den ersten Blick wirkt das Haus so, als hätte sich der Architekt nicht richtig entscheiden können zwischen Schlösschen, Villa und Wohnhaus: Den *Hohenhof* gestaltete Henry van de Velde. Das Gebäude ist Höhe-punkt einer Reihe von Bauten zwischen Jugendstil und Bauhaus, die zwischen 1900 und 1920 in Hagen entstanden. Darunter die *Villa Cuno,* die *Arbeitersiedlung Walddorf* und die *Künstlerkolonie Stirnband.* Als Ausgangspunkt für eine Besichtigung empfiehlt sich der Hohenhof, in dem auch die Ausstellung „Hagener Impuls" zu sehen ist. *Di–So 11–18 Uhr | Stirnband 10 | www.route-indu striekultur.de/ankerpunkte/hohenhof*

KUNSTMUSEEN HAGEN, EMIL SCHUMACHER MUSEUM

Erdwärme temperiert die kristalline Hülle des neuen Hagener Museumsviertels. Auf drei Etagen werden über 400 Werke des Hagener Malers Emil Schumacher gezeigt. Gemeinsames Foyer mit dem *Karl-Ernst-Osthaus-Museum* und seiner sehenswerten Sammlung von Otto Dix bis Franz Macke. *Mi–So 11–18 Uhr | Museumsplatz 1 | www.osthausmuseum.de*

LANGE RIEGE

Es sieht so aus, als drängten sich die Häuschen eng aneinander, als wollten sie sich gegenseitig schützen. Vielleicht rührt der Eindruck daher, dass die ersten Bewohner, die 1665 diese Fachwerkhäuser bezogen, von auswärts kamen – Klingenschmiede aus Solingen – und sich als Fremde ebenfalls umeinander scharten. *Riegestr. 6–18*

WESTFÄLISCHES FREILICHTMUSEUM ★

Ein Spaziergang über das 42 ha große Gelände gleicht einer Reise in die Vergangenheit. Etwa 60 rekonstruierte Betriebe in Fachwerkhäusern sind zu besichtigen, in 20 Werkstätten wird sogar noch produziert. Hier kann man den Handwerkern über die Schulter schauen und auch selbst Hand anlegen.

Besuchen können Sie ebenfalls den Skulpturenpark, der sich die Verbindung von traditionellem Hand-

Hoher Besuch: Der Werbeballon gehört eigentlich nicht ins Westfälische Freilichtmuseum

> *www.marcopolo.de/ruhrgebiet*

werk und zeitgenössischer Kunst zum Thema gemacht hat. Namhafte Künstler arbeiten mit den Materialien, die sie auf dem Gelände finden. *April–Okt. 9–18 Uhr | Mo geschl. | Mäckingerbach | www.freilichtmuseum-hagen.de*

ESSEN & TRINKEN
BANDERAS
Nach dem Kinobesuch weiter träumen vom feurigen Antonio – im Restaurant Banderas bei Paella, Gambas und Guacamole kein Problem. *Tgl. | Springe 1 | Tel. 02331/18 44 55 | www.banderas-hagen.de | €€*

SCHLOSSRESTAURANT HOHENLIMBURG
Der Aufstieg zum rustikalen Restaurant im alten Pferdestall ist appetitanregend. Empfehlenswert: die Wildspezialitäten. *Tgl. | Alter Schlossweg 30 | Tel. 02334/20 56 | www.schloss-hohenlimburg.de | €€*

EINKAUFEN
HOF QUINKE SCHWELM
In dem Betrieb dreht sich alles um die meckernden „Hippen". Reichhaltiges Angebot von zahllosen Sorten Ziegenkäse. *Unregelmäßige Öffnungszeiten! | Beyenburger Str. 67 | Schwelm | Tel. 02336/151 25*

ÜBERNACHTEN
HOTEL DRESEL
Ruhig, außerhalb der Stadt im Volmetal gelegen. Individuelle, elegante Zimmer; mit Restaurant. *19 Zi. | Rummenohler Str. 31 | Tel. 02337/13 18 | Fax 89 81 | www.hotel-dresel.de | €€*

BURGHOTEL VOLMARSTEIN ☘ ☡
Etwas außerhalb gelegen, dafür wunderschöner Panoramablick in die hügelige Landschaft. Alle „Burgzimmer" sind individuell eingerichtet. Restaurant mit anspruchsvoller regionaler Küche. *35 Zi. | Am Vorberg 12 | Tel. 02335/966 10 | Fax 65 66 | www.burghotel-volmarstein.de | €€*

FREIZEIT & SPORT
KANUTOUR AUF DER LENNE
Auch ein Hauch von Freiheit und Abenteuer weht im Revier: Vom Wildwasserpark im Stadtteil Hohenlimburg führt diese Kanutour durch eine reizvolle Auenlandschaft. Tierischer Pluspunkt bei den Paddeltouren im Ruhrtal: Wasserfeste Hunde sind an Bord ausdrücklich willkommen! Auch Kanu- und Fahrradverleih. *Alter Hellweg 4 | Schwerte | Tel./Fax 02304/616 99 | www.lenne-ruhr-kanu-tour.de*

MARCO POLO HIGHLIGHTS

★ **Historische Altstadt**
Gassen mit urigen Häusern: Mittelalter in Hattingen (Seite 71)

★ **Westfälisches Freilichtmuseum**
In Hagen historisches Handwerk erleben – und selbst mit anfassen (Seite 68)

★ **Muttental und Zeche Nachtigall**
Spurensuche in der Wiege des Ruhrbergbaus (Seite 73)

★ **Henrichshütte**
Die einzige Schaugießerei des Ruhrgebiets (Seite 71)

■ AM ABEND ■

KULTURZENTRUM PELMKE & KINO BABYLON ▶▶

Rock- und Punkmusik, junges Theater, Kleinkunst, irische Nächte, Kino – das Spektrum ist breit. Verrücktes und Lebensfreude haben hier Platz und bieten einen Einstieg in die Hagener Szene. *Pelmkestr. 14 | Tel. 02331/33 69 67 | www.pelmke.de*

THEATER HAGEN

Oper, Ballett und Musical bilden das Gerüst des Spielplans. Seit 2001 steht „LUTZ – Junge Bühne Hagen" für engagiertes Theater – von Schultheatertagen bis zu Projekten mit Senioren und Arbeitslosen. *Elberfelder Str. 65 | Tel. 02331/207 32 18 | www. theater-hagen.de*

>LOW BUDGET

> Darf's etwas mehr sein? Brunchen mit Ritter-Ambiente und entsprechend üppigem Buffet bietet die *Burg Blankenstein* sonntags von 11 bis 14 Uhr für 16,50 Euro pro Person. *Burgstr. 16 | Hattingen | Tel. 02324/332 31 | www.burg blankenstein.de*

> Den Schmieden bei der Arbeit mit Hammer und Amboss im *Freilichtmuseum Hagen* zuschauen oder z. B. den „Weg des Eisens" in der Hattinger *Henrichshütte* verfolgen: Der Landschaftsverband Westfalen bietet für seine 17 Museen eine *LWL-Museumscard Familie* (2 Erwachsene mit Kindern) für 29 Euro sowie weitere günstige Jahreskarten an. *Tel. 0251/591 55 99 | www.lwl.org*

■ AUSKUNFT ■

HAGEN-TOURISTIK

Rathausstr. 13 | 58095 Hagen | Tel. 02331/207 58 90 | www.hagen.de

■ ZIELE IN DER UMGEBUNG ■

KLUTERTHÖHLE ENNEPETAL   [132 C5]

Absolut reine Luft in diesem Irrgarten aus über 360 Gängen mit einer Gesamtlänge von 6 km, mit unterirdischen Seen, Bächen, Fossilien und mehr als hundert Tierarten, darunter natürlich Fledermäuse. Sie ist die größte Naturhöhle Deutschlands, gelegen in *Ennepetal (Gasstr. 10)*, 10 km südwestlich von Hagen. Und weil die Luft in der vor Millionen von Jahren entstandenen Höhle so gut ist, dient sie als Naturheilstätte bei Atemwegs- und Hautkrankheiten. *Führungen mit verschiedenen Themenschwerpunkten tgl. zwischen 10 und 16 Uhr | www.kluterthoehle.de*

HATTINGEN

[132 A–B3] Das Feuer war bereits früh ein Wahrzeichen Hattingens (60 300 Ew.). Seit Beginn des 15. Jhs. ziert der mit dem Feuer speienden Drachen kämpfende St. Georg das Wappen der Stadt. Die mittelalterlichen Herren von „Hatneggen" dürften bei ihrer Wahl kaum geahnt haben, dass rund 450 Jahre später das Feuer in ganz anderer Form das Gesicht der Stadt prägen würde – nämlich im Hochofen zum Schmelzen von Schwermetall. Die Schließung der Henrichshütte Ende der 1980er-Jahre bedeutete den größten Umbruch in der Geschichte der Stadt. Auf dem ehemaligen Hüttengelände entstand ein Gewerbe- und Landschaftspark.

In der Henrichshütte können Sie auch im Dunklen dem „Weg des Eisens" nachgehen

■ SEHENSWERTES ■

ACKERBÜRGERHAUS

Im Mittelalter siedelten nicht nur Handwerker und Kaufleute in Hattingen, sondern auch Bauern, die Felder vor der Stadt besaßen, ihr Haus aber im Schutz der Stadtmauern hatten. Das Haus ist ein typischer Ackerbürgerhof (erbaut 1729) und als einziges seiner Art erhalten. *Steinhagen 6–8*

BRUCHTORTURM

Einer von ehemals sieben Stadttürmen, die die Abschnitte der Stadtmauer zwischen den einzelnen Toren sicherten. Heute ist der Turm, der lange unter einem Haus aus der Gründerzeit verborgen war, nach dessen Abriss restauriert worden und der am besten erhaltene Teil der einstigen Stadtbefestigung. *Martin-Luther-Str./Langenberger Str.*

BÜGELEISENHAUS

Es ist eines der bekanntesten, weil skurrilsten Gebäude der Altstadt und verdankt seinen Namen der unge-

wöhnlichen Grundrissform und seinem Giebel. Heute beherbergt das Haus das *Museum des Heimatvereins (April–Dez. So 15–17 Uhr | Haldenplatz 1).* Das Gebäude stammt vom Anfang des 17. Jhs. und diente zeitweise auch als Tuchweberei sowie als Schlachtraum und Wurstküche. *www.heimatverein-hattingen.de*

HENRICHSHÜTTE ⭐

Wo noch bis 1987 Eisen und Stahl erzeugt wurde, tummeln sich jetzt Ausflügler. Heute ist die Hütte ein Teil des *Westfälischen Industriemuseums.* Besucher können zwischen Hochofen und Gebläsehalle den „Weg des Eisens" verfolgen. Wenn Ihnen dabei zu heiß geworden ist – ein paar Minuten entfernt erfrischt ein Spaziergang am Ufer der Ruhr. *Di–So 10–18 Uhr, Fr 19 Uhr Erlebnisführung „Weg des Eisens" | Werksstr. 31–33*

HISTORISCHE ALTSTADT ⭐

Ein mittelalterliches Kleinod: In den Gässchen mit 143 meist restaurierten

Straßencafés auf jedem Platz, in jeder Gasse: Hattingens beschauliche Altstadt

Fachwerkhäusern, versteckten Winkeln und dunklen Durchgängen scheint die Zeit stehen geblieben zu sein. Der Altstadtrundgang ist ausgeschildert. Touristenmagnet ist das alljährliche Altstadtfest Ende August.

WACHSZINSHÄUSER

Die Fachwerkhäuser, die direkt um die St.-Georgs-Kirche einen geschlossenen Ring bilden, stehen auf einstmals kirchlichem Besitz. Als Grundsteuer mussten die Besitzer nicht Geld oder Getreide entrichten, sondern Bienenwachs zur Herstellung von Kirchenkerzen.

▦ ESSEN & TRINKEN ▦

BURG BLANKENSTEIN ☘

Vom Biergarten im Burghof aus kann man sein Bier oder seinen Wein bei einem weiten Blick über das Ruhrtal genießen. Neben dem Biergarten lockt im Burgkeller ein Restaurant (Spezialität: Steaks und verschiedene „Ritteressen"). *Tgl. | Burgstr. 16 | Tel. 02324/332 31 | www.burgblanken stein.de | €€*

KRANS IM KATZENSTEIN

Das Krans liegt am Rand des Katzensteiner Waldes und bietet abwechslungsreiche Küche. Im Sommer sitzt man auf einer großen Terrasse unter uralten Bäumen. *Mo geschl. | Im Katzenstein 12 | Tel. 02324/312 09 | www.diergardt.com | €€*

PFANNKUCHENHAUS

Uriges Restaurant im Herzen der Altstadt. Der Name ist Programm – Pfannkuchen sind die Spezialität des Hauses. *Mo geschl. | Johannisstr. 8 | Tel. 02324/281 50 | €–€€*

GEN UND DER SÜDOSTEN

■ EINKAUFEN

DESTILLERIE & BRENNEREI HEINRICH HABBEL

Insider Tipp

Immer nur Korn brennen, das war Michael Habbel irgendwann zu langweilig. So begann er, sein Sortiment auszubauen. Keine Schnapsidee: Heute bietet die Brennerei im Kellergewölbe um die 150 Liköre, Brände und Geister an, vom „Hattinger Hüttenbrand" bis zum „Herdecker Sackträger". *Mo–Fr 8–18.30, Sa 10–13 Uhr | Gevelsberger Str. 17 | www.habbel.com*

■ ÜBERNACHTEN

ZUM HACKSTÜCK 🔊

Gediegene Landhausatmosphäre ein Stück außerhalb der Stadt. Gehobene Ausstattung für Genießer, die Wert legen auf gepflegtes Ambiente. Restaurant im Haus. *23 Zi. | Hackstückstr. 123 | Tel. 02324/906 60 | Fax 90 66 55 | www.hackstueck.de | €€*

ZUR ALTEN KRONE

Kleines, gemütliches Fachwerkhaus in der Altstadt. Dazu gehören ein Restaurant und im Sommer ein Biergarten. *8 Zi. | Steinhagen 8 | Tel. 02324/218 24 | Fax 92 03 12 | www.zuraltenkrone.de | €€*

■ AM ABEND

ALTSTADTLOKALE ▶▶

Abends werden die Gassen rund um den Kirchplatz in der historischen Altstadt zur Kneipenmeile. Hinter Namen wie Destille, Einhorn, Kleines Café, Grammophon und Auflauf verbergen sich Szene- und Musikkneipen für junges, aber auch älteres Publikum.

■ AUSKUNFT

HATTINGEN-INFO

Haldenplatz 3 | 45525 Hattingen | Tel. 02324/95 13 95 | www.hattingen-marketing.de

■ ZIELE IN DER UMGEBUNG

ELFRINGHAUSER SCHWEIZ [132 A–B4]

An Wochenenden, bei schönem Wetter, ist der Andrang enorm. Aber nur den ausdauernden Ausflüglern eröffnet sich hier am südlichen Rand des Ruhrgebiets ein ausgedehntes Wandergebiet. Denn: Die Elfringhauser Schweiz trägt ihren Namen aufgrund der zum Teil recht steilen Hügellandschaft nicht ganz zu Unrecht, und ein wenig Puste gehört schon dazu, zumindest ein gutes Stück der über 30 km langen Wanderwege zu bezwingen. Entspannung findet man in mehreren Gasthäusern am Wegesrand. *Ca. 4 km südlich von Hattingen | Wanderkarte und Infos unter www.hattingen-elfringhausen.de*

MUTTENTAL UND ZECHE NACHTIGALL ★ [132 C3]

Das aus grobem Stein gemauerte Gebäude sieht aus wie ein Wohnhaus. Doch ein Blick ins Innere, wo eine der ältesten Dampffördermaschinen (1887) des Ruhrgebiets steht, zeigt: Hier geht es tatsächlich um Kohle, und es gibt nicht weniger zu bestaunen als die Wiege des Ruhrbergbaus. Die Kleinzeche wurde bereits 1714 erstmals erwähnt. Empfehlenswert ist der ausgeschilderte Bergbaurundweg durchs Muttental. Beeindruckend: die Einfahrt in den 130 m langen Besucherstollen. *Nachtigallstraße, ca. 8 km östlich von Hattingen | www.route-industriekultur.de*

> ZWISCHEN STADT UND LAND

Wasserstraßen und Wasserschlösser prägen den Rand des
Münsterlands

> Der Norden des Ruhrgebiets ist ein
Landstrich der Kontraste: Die Städte sind
entweder sehr viel kleinteiliger als im
Zentrum des Ruhrgebiets, oder sie sind in
Zeiten des Optimismus „auf Zuwachs" an-
gelegt worden: Ihre 1960er-Jahre-Archi-
tektur ist auf dem Reißbrett entstanden.
Diese Innenstädte lassen sich heute,
unter dem Vorzeichen schwindenden
Wachstums, schwer neu beleben.
Hier im Norden wird es aber auch
„landschaftlicher"! Die kleinen Orte

liegen im Übergang zum Münsterland, dem landwirtschaftlich genutz-
ten Raum mit seinen Wasserschlössern, von denen einige noch zum
Ruhrgebiet gehören. Die meisten für
die Industrie wichtigen Wasserstraßen treffen sich hier auf dem Land.

BERGKAMEN

[128 C2–3] Seit über einem Jahrhundert
prägt der Bergbau die Stadt Bergkamen

Bild: Schloss Herten

HAMM UND DER NORDEN

(53000 Ew.). Den Anfang machte die Zeche Monopol, die aus der kleinen Ansiedlung an der Lippe und am Datteln-Hamm-Kanal eine Großgemeinde machte. Im Norden Bergkamens erstreckt sich die Lippeaue, die inzwischen vollständig unter Landschaftsschutz gestellt wurde. Der Lauf der Lippe ist die zentrale Achse dieses von Unna bis Dorsten reichenden Landstrichs, der trotz überwiegend intensiver Landwirtschaft und Gewässerregulierung noch zahlreiche Elemente der früheren Auenlandschaft aufweist.

■ SEHENSWERTES ■

MARINA RÜNTHE ▶▶

Wer sich in der Region aufhält, sollte unbedingt einen Besuch des *Westfälischen Sportbootzentrums – Marina Rünthe* in Bergkamen einplanen. Wo Anfang des 20. Jhs. noch Massengüter wie Steinkohle, Kies, Sand und

Heizöl verladen wurden, präsentiert sich heute stolz ein hervorragend ausgestatteter Yachthafen mit 270 Liegeplätzen. Das Sportbootzentrum liegt direkt am Datteln-Hamm-Kanal

Relikt der Zeche Erin in Castrop-Rauxel: das Fördergerüst von Schacht 7

– mit einer schönen Promenade. Von hier aus startet das Fahrgastschiff „Santa Monika III" zu Fahrten auf dem Kanal. An seinen Ufern befinden sich Fuß- und Radwege, Wassersporteinrichtungen und mehrere Lokale. *Hafenweg 30 | www.yachtha fen-marina-ruenthe.de*

NATURSCHUTZGEBIET BEVERSEE

Mitten in einem Bergsenkungsgebiet liegt der Beversee: entstanden durch Absacken der Erdoberfläche aufgrund unterirdischer Hohlräume. Die vom Bergbau verursachten Geländeabsenkungen störten den natürlichen Abfluss des Beverbachs. In der Folge sammelte er sich im Senkungsbereich. Der so entstandene Beversee bietet im Ruhrgebiet selten gewordenen Tieren eine Heimat – vom Graureiher über den Baumfalken bis zu Libellen. Um den See herum führt ein Wanderweg. *Werner Straße | Informationen unter Tel. 02389/980 90*

ESSEN & TRINKEN ÜBERNACHTEN

NEUMANN'S NAUTILUS

Neues Haus mit Restaurant und Hafenblick! *13 Zi. | Hafenweg 4 | Tel. 02389/92 59 20 | Fax 925 92 50 | www.neumanns-nautilus.de | €€*

SCHLEMMERKOMBÜSE

Sehr gute Bistroküche, tagesaktuelle Spezialitäten, den Hafenblick gibt's gratis dazu. *Tgl. | Hafenweg 4 | Tel. 02389/928 69 50 | €–€€*

AUSKUNFT

STADT BERGKAMEN

Stadtmarketing | Rathausplatz 1 | 59192 Bergkamen | Tel. 02307/96 52 29 | www.bergkamen.de

CASTROP-RAUXEL

[127 E–F5] Die Stadt (77 000 Ew.) ist immer noch Synonym für tiefsten Ruhrpott. Vier große Zechen bestimmten das Leben

des geradezu ländlichen Ortes. Der Stadtname kommt von zwei Römerstraßen, die sich hier einst gekreuzt haben: „casto“ hieß im Althochdeutschen so viel wie Scheune, „trop“ bezeichnete eine kleine Siedlung – wahrscheinlich ist damit eine Art Verpflegungslager gemeint. „Rauxel“ wiederum ist zurückzuführen auf „Roucsele“ und heißt so viel wie „Krähenwiese“, was auf den nördlich gelegenen Landstrich verweist, der vor Hunderten von Jahren eine feuchte Niederung war.

SEHENSWERTES

HALDE SCHWERIN

Insider Tipp

Man wohnt „auf“ Schwerin, wenn man in dem gleichnamigen Stadtteil lebt, der etwas höher liegt als der Rest der Stadt. 1872 nahm die Zeche ihren Betrieb auf, die ganze Ortschaft wuchs um sie herum. In den 1960er-Jahren schloss die Zeche, die Halde blieb. Künstler und Bürger haben für die Verwandlung in ein begehbares Kunstwerk gesorgt. Vier als Kreuz angelegte Wege führen auf den Haldengipfel. Auf dem Plateau ragen die Stahlstäbe einer begehbaren Sonnenuhr des Künstlers Jan Bormann in den Himmel. Den Ausblick sollte man genießen, um dann den Abstieg nach Norden in das *Deininghauser Bachtal* und das *Castroper Holz* zu beginnen. Der Ausschilderung „Halde Schwerin“ folgen. Der Aufgang ist mit einer Eisenstele markiert. *Bodelschwingher Straße*

KELTISCHER BAUMKREIS

Insider Tipp

Wer etwas über sich und sein Baumzeichen wissen will, der sollte diesen Park mit dem Keltischen Baumkreis am Fuß des alten *Hammerkopfturms Erin* besuchen. Kreisförmig sind die unterschiedlichsten Bäume um diesen Ziegelturm herumgepflanzt. Jeder Baum steht für zwei Abschnitte im Jahr und für Eigenschaften und Stimmungen, die auf die unter seinem Zeichen geborenen Menschen übertragen werden. Der Baumkreis ist eine Reminiszenz an den irischen Zechengründer. Der alte Hammerkopfturm Schacht 3 kann auf Anfrage besichtigt werden, was aber nur für schwindelfreie Besucher zu empfehlen ist. *Bodelschwingher Str. 3 | Tel. 02305/106 28 93*

PFARRKIRCHE ST. ANTONIUS

1922–25 wurde diese Kirche im Norden der Stadt gebaut: Der Entwurf stammt von Alfred Fischer, einem der bedeutenden Industriearchitekten

MARCO POLO HIGHLIGHTS

★ **Halde Hoppenbruch**
Mehr als eine künstliche Gesteinswelt: Landschaft, Freizeit und Kunst (Seite 83)

★ **Horstmarer See**
Herrlicher Badesee inmitten von Kanallandschaft im Seepark Lünen (Seite 85)

★ **Schiffshebewerk Henrichenburg**
Zwei Hebewerke und zwei Schleusen im „Schleusenpark Waltrop“ (Seite 93)

★ **Skulpturenmuseum Glaskasten**
Öffnet sich mit seiner Sammlung den Besuchern von Marl (Seite 86)

des Ruhrgebiets. Die parabelartige Form des Baus wurde hier zum ersten Mal in Deutschland verwirklicht, das Innere besticht durch ein schlichtes, tonnenartiges Gewölbe im Stil des funktionalen Expressionismus. *Marktplatz Ickern*

ZECHE ERIN

Sind Sie schon einmal in einem Gewerbepark spazieren gegangen? Tun Sie das einfach mal. Das Fördergerüst der 1983 stillgelegten Zeche Erin ist sein Wahrzeichen. Erin ist der keltische Name für die „grüne Insel" Irland, schließlich war der Ire Thomas Mulvany der Zechengrün-

der. Auf dem ausgehöhlten Untergrund erstreckt sich eine schnurgerade Parkachse, die die Grundform eines barocken Gartens aufnimmt. Der Rest dieser Recyclinglandschaft ist modelliert wie eine irische Hügellandschaft. *Zugang über Erinstraße/ Altstadtring*

▓ ESSEN & TRINKEN ▓

HAUS BLADENHORST

Speisen in feudalem Ambiente. Edle Atmosphäre mit Kronleuchtern und neuer internationaler Küche. Angeschlossen ist eine Weinstube. *Mo geschl. | Wartburgstr. 5 | Tel. 02305/ 99 87 86 | €€*

▓ ÜBERNACHTEN ▓

EURO STAR HOTEL ⌂

Mitten in der Stadt, hell, modern und in mediterranem Stil eingerichtet. *50 Zi. | Bahnhofstr. 60 | Tel. 02305/ 358 20 | Fax 35 82 98 | www.euro star-hotel.de | €€*

HAUS GOLDSCHMIEDING ⌂

Im alten Schloss am Renaissance-Kamin kann man fürstlich speisen und sich anschließend im schönen Neubauhotel im Park betten. *85 Zi. | Dortmunder Str. 55 | Tel. 02305/ 30 10 | Fax 301 45 | www.arcadia. hotel.de | €€ – €€€*

▓ FREIZEIT & SPORT ▓

PFERDERENNBAHN

Mit dem irischen Zechengründer kam ein recht brutaler Pferdesport nach Castrop: das Naturhindernisrennen. So manches Tier kam im Anschluss an ein Rennen sofort zum Schlachter. Heutzutage lohnt das hügelige Wiesengelände mit den Hin-

Fürstlich dinieren vorm Kamin: Das Haus Goldschmieding residiert in einem Schloss

dernishecken einen Spaziergang. Mit
Naturlehrpfad. *Dortmunder Straße*

◼ AUSKUNFT ◼

STADTINFORMATION
*Europaplatz 14 | 44575 Castrop-
Rauxel | Tel. 02305/106 22 15 | www.
castrop-rauxel.de*

GLADBECK

[126 A–B5] **Die junge Stadt mit 78 500 Ew.
wurde 1975 dem Kreis Recklinghausen zu-
geschlagen, weil sie sich erfolgreich gegen einen Zusammenschluss mit den
Nachbarorten Bottrop und Kirchhellen ge-
wehrt hatte.** Hundert Jahre Bergbau
haben den Ort Gladbeck völlig um-
gekrempelt. Spuren verschiedener
Epochen liegen hier in der flachen
Landschaft dicht beieinander: das
alte Schloss neben den Zechensiedlungen, Zechenhallen und begrün-
ten Halden. Gladbecks Bergbauge-
schichte ging mit der Schließung von
Graf Moltke, der letzten Zeche, 1971
zu Ende.

◼ SEHENSWERTES ◼

HAUS WITTRINGEN
Den Tag bei einem Sommerspazier-
gang im 91 ha großen Stadtpark rund
um das Wasserschloss mit seinen vielen Freizeitmöglichkeiten ausklingen
lassen. Ritter Ludolph hat hier ab
1263 gelebt. 1922 kaufte die Stadt
das Anwesen und richtete es im nach-
empfundenen Renaissancestil wieder
her; seit 1928 ist es städtisches Museum. Ziel einer „Promenade" ist oft
die Schlossgastronomie. *Burgstr. 64 |
www.museum-gladbeck.de*

MASCHINENHALLE ZWECKEL
Imposanter, 1909 errichteter Ziegel-
bau: Schmiedearbeiten zieren die
Geländer, geschwungene Treppen
führen auf die Galerie, von der aus
man einst einen Blick über alle Ma-
schinen hatte. Alles, von dem man
vermutet, dass es aus Holz ist, ist aus
Stahl, u.a. die Türrahmen. Zwei
übereinanderliegende Reihen von
Rundbögenfenstern geben der Halle
einen sakralen Touch – das unter-

*Insider
Tipp*

scheidet sie von vielen anderen ihrer Bauart. Die Halle wird im Sommer für Veranstaltungen genutzt und ist u. a. Spielort der Ruhr-Triennale. *Besichtigung nur im Rahmen von Führungen, jeden 2. u. 4. So im Monat um 14 Uhr | Frentroper Straße | Tel. 0231/93 11 22 33*

MOLTKEHALDE

Auf dem Haldengipfel wartet eine Wiesenlandschaft, die sich für ein Picknick eignet. *Aufgang an der Welheimer Straße*

■ ESSEN & TRINKEN ■

MEYGARTEN

Sämtliche Generationen sitzen hier friedlich vereint. Bistroatmosphäre, Biergarten. Extra: kleine vegetarische Karte. *Tgl. | Hermannstr. 80 | Tel. 02043/92 93 10 | www.meygarten.de | €–€€*

■ ÜBERNACHTEN ■

BRAUEREIHOTEL ALTE POST GLADBECK

Gemütliches Hotel mit uriger Brauereigaststätte in der ehemaligen Hauptpost. *18 Zi. | Humboldtstr. 2 | Tel. 02043/208 40 | Fax 20 84 30 | www.brauhaus-gladbeck.de | €*

HUBERTUSHOF

Ganz im Landhausstil empfängt dieses Hotel seine Gäste. Restaurant mit saisonaler Küche. *10 Zi. | Hegestr. 454 | Tel. 02045/26 57 | Fax 839 86 | www.hubertus-hof.de | €*

HOTEL REUER IM HAUS KLEIMANN

Gemütliche Zimmer mit stilvollen alten Möbeln. Urige Kneipe. *10 Zi. | Hegestr. 89 | Tel. 02043/430 39 | Fax 27 69 90 | www.haus-kleimann.de | €*

■ AUSKUNFT ■

GLADBECK-INFORMATION IM RATHAUS

Willy-Brandt-Platz 2 | 45964 Gladbeck | Tel. 02043/99 22 44 | www.gladbeck.de

HALTERN

[127 D2] Im Stadtnamen führt Haltern die Worte „am See". Flächenintensiv wurde hier am Rand des Naturparks Hohe Mark Wasserwirtschaft für das nördliche Ruhrgebiet betrieben. Der Halterner Stausee wurde 1920, der Hullerner Stausee 1985 angelegt, die Flüsse Lippe und Stever durchziehen die Heide- und Waldgebiete, von denen einige unter Naturschutz stehen. Damit sieht es rund um Haltern (36 500 Ew.) so aus, wie man es im Ruhrgebiet eigentlich gar nicht vermutet.

■ SEHENSWERTES ■

RÖMERMUSEUM HALTERN

Hier und da gab es sie an der Lippe: die Römer. Die außergewöhnliche Architektur des Museumsgebäudes zeichnet ein römisches Feldlager nach. Über 100 Jahre Grabungsgeschichte sind hier vertreten. Funde aller Art werden durch Modelle, Videos und Tonprogramme erklärt. Neben der Dauerpräsentation gibt es spektakuläre Einzelausstellungen, teils in bundesweiter Kooperation mit anderen Museen. *Di–Fr 9–17, Sa/So 10–18 Uhr | Weseler Str. 100 | www.roemermuseum-haltern.de*

■ AUSKUNFT ■

STADTAGENTUR HALTERN AM SEE

Markt 1 | 45712 Haltern am See | Tel. 02364/93 33 66 | www.haltern-am-see.de

ZIEL IN DER UMGEBUNG

DIE HAARD   [127 D–E 3–4]

Man nennt es die „grüne Lunge des Reviers": das ausgedehnte Naherholungsgebiet *Die Haard* am nördlichen Rand des Ruhrgebiets zum Münsterland. Das mit 75 km² größte zusammenhängende Waldgebiet des Reviers wird durchzogen von der Lippe und dem Wesel-Datteln-Kanal, es liegt zwischen Marl und Datteln und lädt ein zu langen Spaziergängen und Radtouren auf gekennzeichneten Rundwegen. Auch Reiter kommen auf ihre Kosten: Über 200 km Reitwege durchziehen das Gebiet mit seinen hügeligen Sandwegen, das sich durchaus mit der Lüneburger Heide vergleichen lässt. *Infos: Forststützpunkt Haard | Recklinghäuser Str. 291 | Haltern am See | Tel. 02364/92 03 12*

HAMM

[129 D–E2] **Die ehemalige Hansestadt Hamm (180 000 Ew.) liegt am nordöstlichsten und schon sehr ländlichen Rand des Ruhrgebiets.** 1226 am Schnittpunkt mehrerer Handelswege gegründet, brachte es der Ort zu beträchtlichem Wohlstand. Die Schiffbarmachung der Lippe 1820 und der Bau des Datteln-Hamm-Kanals sicherten den Anschluss der Stadt an das internationale See- und Binnenwasserstraßennetz. Von der ersten Zechengründung im Jahr 1902 bis in die 1980er-Jahre stand die Stadt Hamm ganz im Zeichen des Bergbaus. Einen neuen Anfang haben die Stadtväter in der ehemaligen Zeche Sachsen gemacht: Wo sich früher Förderräder drehten, dreht sich heute

Der Sandstrand des Seebades am Halterner Stausee ist immerhin 1 km lang

alles um das Thema „Umweltgerechtes Bauen". Hamm gilt als Modellstadt und wird als „Ökologische Stadt der Zukunft" vom Land NRW gefördert. *www.oekozentrum-nrw.de*

SEHENSWERTES

GUSTAV-LÜBCKE-MUSEUM

Sie werden glauben, vor einem riesigen Konzertflügel zu stehen: Das Kunst- und Kulturmuseum gegenüber vom Hauptbahnhof besticht durch eine schwungvolle Architektur. In wechselnden Ausstellungen präsentiert das 1993 eröffnete Museum Exponate zu ägyptischer Kunst, zur Vor-, Früh- und Stadtgeschichte. Das Museum widmet sich ebenso der angewandten Kunst und der Malerei des 20. Jhs. Sehenswert ist das <mark>Kinder- und Jugendmuseum.</mark> *Di–Sa 10–17, So 10–18 Uhr | Neue Bahnhofstr. 9 | www.hamm.de/gustav -luebcke-museum*

Insider Tipp

Hier war Friedensreich Hundertwasser tätig: der berühmte Glaselefant in Hamm

MAXIMILIANPARK

Schauen Sie sich die Wiederaufstehung einer ehemaligen Waschkaue als größter Elefant der Welt an! Hier haben sich früher die Bergleute nach der Schicht den Kohlenstaub abgewaschen. Das Wahrzeichen des heutigen Maximilianparks war 1984 Schauplatz der ersten Landesgartenschau in Nordrhein-Westfalen. An der Umgestaltung waren die Künstler Horst Rellecke und Friedensreich Hundertwasser beteiligt. Das Ergebnis ist eine begehbare Plastik aus Stahl und Glas mit einem Aufzug im Elefantenrüssel, der die Besucher auf die 29 m hohe ✿ Aussichtsplattform bringt. Besonders sehenswert auch: das Schmetterlingshaus mit Tausenden (lebender) farbenprächtiger Falter aus aller Welt. Das Gelände der schon 1943 geschlossenen Zeche Maximilian ist heute ein blühender Park. *Alter Grenzweg 2 | Tel. 02381/98 21 00 | www.maximilian park.de*

SRI-KAMADCHI-AMPAL-TEMPEL

Insider Tipp

15 000 Hindus aus ganz Europa kommen jährlich im Mai/Juni zu einem Tempelfest mit Prozession. Die geweihte Statue der Göttin Sri Kamadchi Ampal steht im Zentralschrein. Besuchsregeln bitte beachten! *Tgl. 8–14 u. 17–20 Uhr | Siegenbeckstr. 4 | www.kamadchi-ampal.de*

■ ESSEN & TRINKEN ■

LOUIS

Freundlicher Service, ausgefallene Gerichte, wie Wraps mit Flusskrebsen gefüllt, und eine inspirierende Cocktailkarte: Dazu bietet das Louis auch regionalen Musikern eine Bühne: Jazz, Blues und Indie Rock sind Schwerpunkte. *Tgl. | Oststr. 14 | Tel. 02381/371 71 17 | www.louis- hamm.de | €–€€*

HAMM UND DER NORDEN

■ ÜBERNACHTEN

HOTEL GRÜNER BAUM

Etwas außerhalb Hamms in dörflichem Ambiente gelegen. Restaurant mit internationalem Speiseangebot im Haus. Zwei schöne Biergärten in der Nähe des Hotels laden zum Verweilen ein. *20 Zi. | Reginenstr. 3 | Tel. 02385/24 54 | Fax 63 53 | www. rhynern.net/gruenerbaum | €€*

HOTEL MERCURE ♫

Vier-Sterne-Hotel mit allem Komfort, in der Nähe des Hauptbahnhofs gelegen. *142 Zi. | Neue Bahnhofstr. 3 | Tel. 02381/919 20 | Fax 919 28 33 | www.mercure.com | €€€*

■ FREIZEIT & SPORT

RADFAHREN

Hamm liegt an der insgesamt 280 km langen und mit dem Symbol eines Römerhelms ausgeschilderten *Römerroute*, die von Detmold nach Xanten führt. Darüber hinaus treffen hier die Nord- und Ostroute des regionalen *Emscher-Park-Radweges* zusammen, die auf insgesamt 230 ausgeschilderten Kilometern zu den industriehistorischen Sehenswürdigkeiten des Ruhrgebiets führen. *Radstation am Bahnhof | tgl. 5.30–20.45 Uhr | Willy-Brandt-Platz | Tel. 02381/ 92 71 91*

■ AM ABEND

JAZZCLUB HAMM ▶▶

Regelmäßige Veranstaltungen, organisiert durch einen sehr engagierten Verein, der es auch immer wieder schafft, hochkarätige Bands nach Hamm zu holen. Viele Veranstaltungen finden statt im *Restaurant Gasthof Hagedorn | Bockumer Weg 280 |* *Tel. 02381/648 56 | www.jazzclub-hamm.de*

■ AUSKUNFT

INSEL – VERKEHR & TOURISTIK

Willy-Brandt-Platz | 59065 Hamm | Tel. 02381/274 24 99 | www.hamm.de

HERTEN

[126–127 C–D5] Eine Stadt (64 000 Ew.) zwischen den Welten: Sie liegt im nördlichen Ruhrgebiet und am Übergang zum ländlichen Münsterland, sodass sich hier Zechen mit Schlössern abwechseln. Der alte Ortskern blieb vom Bergbau räumlich getrennt und hat heute kleinstädtischen Charakter. Das Leben bestimmten früher die Zechen Schlägel & Eisen und Ewald. Seit der Schließung von Ewald im Jahr 2000 spielt sich auf dem Gelände eine Erfolgsstory ab: Mit Logistik und Gewerbe entstanden rund 1000 neue Arbeitsplätze. Alte Bausubstanz, geschickt neu genutzt: Biergarten, Veranstaltungshalle und Kochwerkstatt, ein Hotel ist geplant.

■ SEHENSWERTES

HALDE HOHEWARD

Von ganz unten nach ganz oben, von der Kohle zur Sonne: Auf dieser Halde zeigt ein überdimensionaler Zeiger in Form eines Stahlobelisken den Gang der Sonne auf dem Plateau – und damit die Zeit an. *Zugang vom Ewald-Gelände | www.landschafts park-emscherbruch.de*

Insider Tipp

HALDE HOPPENBRUCH ★ ☼

Ein Landschaftsbauwerk der besonderen Art: Bei klarer Sicht eröffnet sich Besuchern – besonders Wanderern und Mountainbikern – eine Aussicht über das gesamte westliche Ruhrgebiet. Auf dem Gipfel der Nachbarhalde von Hoheward thront ein Windrad neben einem Skulpturengarten. *Zugang über Im Emscherbruch/Hohewardstraße*

SCHLOSS HERTEN

Drei mächtige Ecktürme markieren die spätgotische Wasserburg. Nach einem Großbrand 1687 wurde neu aufgebaut: Als Merkmal des Barocks ist noch ein einzigartiges Deckenfresko erhalten. 1974 wurde die Anlage dann grundlegend renoviert. Der barocke Schlossgarten wurde 1814 in einen englischen Landschaftsgarten umgewandelt. Hier sind botanische Kostbarkeiten aus aller Welt zu sehen. *Im Schlosspark*

Insider Tipp WESTERHOLT

Als „westfälisches Rothenburg" wird der historische Ortskern dieses Stadtteils von Herten bezeichnet. Liebevoll restaurierte kleine Fachwerkhäuser und das im klassizistischen Stil 1830 erbaute Schloss des Grafen Westerholt gehören zum „Alten Dorf", das wegen seiner kulturhistorischen Bedeutung in das Förderprogramm „Historische Ortskerne in NRW" aufgenommen wurde. Im Schloss befindet sich ein Hotel. *Zugang über die Mühlenkampstraße*

■ ESSEN & TRINKEN

GASTHOF ALTES DORF

Hier beendet man genüsslich den Dorfbummel: idyllisch am Rand des historischen Kerns gelegener Familienbetrieb mit engagierter und kreativer Speisekarte. *Tgl. | Schloßstr. 15 |* Tel. 0209/61 36 43 | www.altes-dorf.de | €–€€

■ ÜBERNACHTEN

SCHLOSS WESTERHOLT GRANDHOTEL 🌊

Das Schloss (s. o.) wurde vor einigen Jahren zum Golfhotel mit Golfplatz umgebaut. *27 Zi. | Schloßstr. 1 | Tel. 0209/14 89 40 | Fax 148 94 44 | www.schlosswesterholt.de | €€–€€€*

■ AUSKUNFT

TOURISMUSBÜRO HERTEN

Werner-Heisenberg-Str. 14 | 45699 Herten | Tel. 02366/18 11 60 | www.tourismusbuero-herten.de

LÜNEN

[128 A–B 3–4] **Die Stadt Lünen liegt am südlichsten Bogen der Lippe und an der Nahtstelle zwischen Ruhrgebiet und Münsterland.** Die ehemalige Hansestadt (90 000 Ew.) lebte lange vom Handel, bis 1826 mit der Gründung der Eisenhütte Westfalia die Industrialisierung begann. 100 Jahre lang – bis 1992, als die letzte Zeche schloss – war Lünen Bergbaustadt.

■ SEHENSWERTES

BERGARBEITERWOHNMUSEUM

In einem alten Zechenhaus im Stadtteil Brambauer wird gezeigt, wie Bergleute in den 1930er-Jahren gelebt haben. *So u. Di 15–17, Do 17–19 Uhr | Rudolfstr. 10*

LÜNTEC-TOWER Insider Tipp

Wie ein zufällig gelandetes Ufo wirkt das 300 m² große, ellipsenförmige Büro aus Kunststoff auf dem Fördergerüst der ehemaligen Zeche Minister Achenbach. Entworfen wurde es von dem Stardesigner Luigi Colani. In dem alten Pförtnerhaus der Zeche befindet sich ein Café. Hier führt der Emscher-Park-Radweg vorbei. *Tgl. 8–17 Uhr | Tel. 0231/986 01 00 | Am Brambusch 24 | www.luentec.de*

■ ESSEN & TRINKEN ■

OMIS RESTAURANT ✿

Es muss eine spanische Omi gewesen sein, die mit ihrem Speisenangebot mediterrane Atmosphäre nach Lünen bringen wollte. Sehr gepflegtes Restaurant mit Blick auf die Lippe. *Mo geschl. | Gartenstr. 29 | Tel. 02306/75 56 64 | www.omis-res taurant.de | €€*

■ FREIZEIT & SPORT ■

SEEPARK LÜNEN

Früher stand hier die Zeche Preußen. Nach der Stilllegung war die Landesgartenschau 1996 ein willkommener Anlass, die Industriebrache samt Preußenhalde und Bergsenkungsgebiet neu zu gestalten. Heute erwartet der ★ *Horstmarer See* Besucher mit einem 5000 m² großen Sandstrand. Der Seepark ist optimal an das regionale Radwegenetz angebunden. Hier liegt auch das bekannte *Horstmarer Loch.* Verursacht durch Bergsenkungen, liegt das Geländeniveau an dieser Stelle um 8 m tiefer. Wer von hier aus hochschaut, sieht die Schiffe auf dem Kanal über sich wie am Horizont vorbeifahren. *Baukelweg/Schwansbeller Weg*

Insider Tipp

■ AUSKUNFT ■

LIPPETOURISTIK

Münsterstr. 1 | 44534 Lünen | Tel. 02306/78 10 07 | www.lippetouris tik.de

■ ZIEL IN DER UMGEBUNG ■

SCHLOSS CAPPENBERG   [124 A1–2]

Insider Tipp

In Selm, 8 km nördlich von Lünen, findet sich ein eindrucksvolles Beispiel klassizistischer Baukunst: Das Schloss, um 1700 errichtet, war der Altersruhesitz des berühmten preußischen Verwaltungsreformers Reichsfreiherr Karl vom und zum Stein und

Ein Werk von Luigi Colani: der an ein gestrandetes Ufo erinnernde Lüntec-Tower

wird heute für Wechselausstellungen genutzt. ❋ Aus den Fenstern des ersten Stockwerks haben Sie einen grandiosen Blick bis nach Dortmund. In der sehenswerten romanischen Stiftskirche im Schlosshof ist u. a. der *Barbarossakopf* ausgestellt, ältestes plastisches Bildnis eines deutschen Kaisers des Mittelalters. *Di–So 10–17 Uhr | Selm | Freiherr-vom-Stein-Straße | www.kreis-unna.de*

MARL

[126 C4] **Das ehemalige Heidedorf Marl (90 000 Ew.) ist heute eine innovative Industriestadt im Grünen mit Steinkohlebergbau und einer der führenden Chemiestandorte Europas.** Ein riesiges Werksgelände mit eigenem Hafen erstreckt sich am Wesel-Datteln-Kanal. Hier ist der Sitz des Adolf-Grimme-Instituts, das jährlich in Marl den renommierten Grimme-Fernsehpreis verleiht. Die Stadt wurde in den 1960er- und -70er-Jahren planmäßig angelegt. Das Konzept ging, wie vielerorts, nicht auf, und teilweise wurden Hochhäuser bereits zurückgebaut, um den Ansprüchen der Bewohner entgegenzukommen.

▆ SEHENSWERTES ▆

INFOZENTRUM CHEMIEPARK *Insider Tipp*

Auf zwei Etagen werden die Geschichte des Standortes mit Originalobjekten aus dem Unternehmerarchiv und der Stand der heutigen Technik vermittelt. Werksrundfahrten sind möglich. *Di–So 10–18 Uhr | Lipper Weg 190 | Tel. 02365/49 94 36 | www.infracor.de*

SKULPTURENMUSEUM GLASKASTEN ★

Transparenz gehört zum Grundsatz dieses international bekannten Museums: Wände aus Glas lassen die Besucher ins Innere des Gebäudes vordringen, zudem sind 70 Objekte u. a. von Richard Serra, Alberto Giacometti, Alf Lechner oder Max Ernst über das ganze Stadtgebiet und im

Die Installation „Mitropa" (1974) von Wolf Vostell im Skulpturenmuseum Glaskasten

angrenzenden Park verteilt. In den Ausstellungsräumen des 1982 gegründeten Museums sind Skulpturen der klassischen Moderne und der zeitgenössischen Kunst zu sehen. Das Spektrum reicht von Auguste Rodin über Ernst Barlach bis zu Wilhelm Lehmbruck. *Di–So 10–18 Uhr | Creiler Platz/Rathaus | www.marl. de/skulpturenmuseum*

■ FREIZEIT & SPORT ■

FLUGPLATZ LOEMÜHLE ▶▶

Nach Beendigung des Flugverkehrs ab 20 Uhr können Inlineskater die Start- und Landebahn nutzen. Ein großer Publikumserfolg! Zudem werden hier Tandem-Fallschirmsprünge sowie Rundflüge angeboten: 15–60 Minuten lang, 26–174 Euro. *Hülsstr. 301 | Tel. 02365/989 60 | www.vlp-loemuehle.de.* Erfrischungen gibt es im Flughafenrestaurant.

■ AM ABEND ■

MULVANY'S IRISH PUB

Cheers: Mit typischen Bieren von der Insel und diversen Whiskeys bewirtet der Ire Ken Sheerins seine Gäste in einem urigen Fachwerkhaus in Alt-Marl. *Hochstr. 1 | Tel. 02365/ 10 51 95 | www.irish-pub-marl.de*

■ AUSKUNFT ■

STADTINFORMATIONSBÜRO I-PUNKT

Marler Stern 10d | 45768 Marl | Tel. 02365/99 43 10 | www.marl.de

■ ZIEL IN DER UMGEBUNG ■

WASSERSCHLOSS LEMBECK [126 B2]

Ohne Zweifel eine der schönsten Schlossanlagen Westfalens. Im 12. Jh. für die Ritter von Lembeck errichtet, wurde das Schloss immer wieder ergänzt und zu einer wasserumwehrten Burg ausgebaut. Die Herren von Westerholt ließen im 17. Jh. die bis dahin bescheidene Burg in ein prächtiges Wasserschloss verwandeln, dessen barocke Formen die Besucher noch heute in ihren Bann ziehen. Die ganze Pracht sehen Sie bei einer *Führung* durch das Schloss *(Tel. 02369/71 67)* oder das *Kunst- und Kulturgeschichtliche Schlossmuseum.* Die Parkanlage ist besonders zur Rhododendronblüte reizvoll. *Wulfener Straße | Dorsten-Lembeck | 13 km nördlich der Dorstener Innenstadt | www.schlosslembeck.de*

Insider Tipp

RECKLINGHAUSEN

[127 D4–5] **Bekannt ist Recklinghausen (124 000 Ew.) nicht nur für seinen schönen Altstadtkern, sondern vor allem als Festspielstadt.** Jedes Jahr von Mai bis Juni finden sich international bekannte Künstler und Ensembles aller Sparten ein und bringen die Theater-, Musik- und Tanzwelt ins Festspielhaus: Die „Ruhrfestspiele Recklinghausen" werden traditionell an jedem 1. Mai mit einem großen Volksfest eröffnet. Dass diese Kreisstadt eine lange Geschichte hat – unter anderem als Hansestadt –, lässt sich am historischen Stadtkern ablesen, der auf die frühe Blütezeit Recklinghausens verweist. Die letzte Zeche schloss 2001.

■ SEHENSWERTES ■

ALTSTADT

Der Wallring mit den vielen Adelstiteln *(Königs-, Kaiser-, Grafen-, Kur-*

fürsten und Herzogswall) umfasst die Altstadt, durch die man sich für einen kleinen Besichtigungsmarsch zu Fuß bewegen sollte. Im Mittelpunkt des Stadtkerns liegen die winzige *Gastkirche,* aus einem Armenhaus 1366 hervorgegangen, und der *Altstadtmarkt.* Hier schlägt seit jeher das Herz der Stadt: Der Markt ist Kulisse für die unterschiedlichsten Veranstaltungen wie zum Beispiel das traditionelle Marktplatzspringen, ein international besetzter Stabhochsprungwettbewerb, der jedes Jahr im Rahmen der „Woche des Sports" stattfindet.

Am *Herzogwall* ist ein Teil der alten Stadtmauer zu sehen, 17 Wehrtürme und fünf Stadttore waren einst in den steinernen Wall eingebaut. Heute steht das letzte Stück Mauer am Park der *Engelsburg,* dem bedeutendsten Profangebäude Recklinghausens, 1701 für einen kurkölnischen Richter gebaut. Gut eine Stunde dürfte der Rundgang durch die Innenstadt dauern. Er ist als „Stadtrundgang" ausgeschildert. *Startpunkt: Rathausplatz 3*

IKONENMUSEUM

Das weltweit bedeutendste Museum ostkirchlicher Kunst außerhalb der orthodoxen Länder. Stickereien, Miniaturen, Holz- und Metallarbeiten aus dem christlichen Osten vermitteln einen umfassenden Überblick über die Themen und die stilistische Entwicklung. *Di–So 10–18 Uhr | Kirchplatz 2a | www.museen-in-recklinghausen.de*

KUNSTHALLE

Im ehemaligen Bunker steht die Kunst nach 1945 im Fokus. Die Kunstgruppe „Junger Westen" entstand hier, der Preis gleichen Namens wird jährlich verliehen. Kunst-Schnäppchenjäger sollten sich die Versteigerung im Dezember vormerken: Kunst-Spannung pur. *Di–So 11–18 Uhr | Große-Perdekamp-Str. 25–27 | www.kunsthalle-recklinghausen.de*

Insider Tipp

RATHAUS

Ein verspielter Historismus-Bau von 1908 und repräsentatives Monument einstigen Bürgerstolzes. Gotik, Frührenaissance und Jugendstil werden hier zitiert. Die Materialien sind edel: Der Bau aus Eifelkalkstein ruht auf

Ein wenig wie im Raumschiff „Orion" – Friseurgeschichte im Umspannwerk

Recklinghauser Szenetreff in puristischem Design: das Eckstein

einem Sockel aus Basaltlava. Zahlreiche Reliefplastiken, die die deutsche und die Stadtgeschichte darstellen, sind zu bewundern. Seit 2008 serviert die *Ratskeller-Gastronomie* während der Sommermonate auch auf dem Innenhof: So macht Verwaltung Spaß. *Rathausplatz 3*

UMSPANNWERK RECKLINGHAUSEN
Insider Tipp

In dem expressionistischen Backsteinbau zeigen die Rheinisch-Westfälischen Elektrizitätswerke (RWE) Exponate zur Geschichte der Elektrizität, zur Stromerzeugung und zu den Veränderungen von Wirtschaft und Gesellschaft. Besucher besteigen eine elektrische Straßenbahn von 1916; alte Musikboxen und Elektroklaviere lassen sich im „Museum zum Mitmachen" aktivieren. *Di–So 10–17 Uhr | Uferstr. 2–4 | www.um spannwerk-recklinghausen.de*

■ ESSEN & TRINKEN ■

DRÜBBELKEN
Bunt gemischtes Publikum, Kneipen-Urgestein und Galerie. *Tgl. |*

Münsterstr. 5 | Tel. 02361/234 93 | www.druebbelken-re.de |€*

ECKSTEIN 🔊 ▶▶
Gute moderne Küche inmitten der City von Recklinghausen – ein Szenetreff in geschmackvollem Design. *Tgl. | Münsterstr. 17–19 | Tel. 02361/48 28 50 | €–€€*

LE DELIZIE ITALIANE
Verpassen Sie ruhig den Zug: Der Stopp beim Italiener am Bahnhof ist es wert. Gute Pizza, Tagesangebote und eine erfreuliche Weinauswahl. *Di geschl. | Wickingstr. 6 | Tel. 02361/306 77 99 | www.le-delizie-gueli.de | €–€€*

LEMON BEACH CLUB
Coole Drinks, Karibikflair und Industriekulisse: Im Stadthafen geht das zusammen. Auf rund 3500 m² Fläche ist Strandleben angesagt, eigener Bootsanleger. *April–Sept. tgl. 12–24 Uhr (bei gutem Wetter) | Am Stadthafen 6 | Tel. 02361/58 20 40 60 | www.lemon-beach-club.de | €*

SCHWERTE

■ ÜBERNACHTEN

PARKHOTEL ENGELSBURG 🔊

Mitten in der historischen Altstadt gelegen. Stuckdecken und Kamine lassen die über 300-jährige Geschichte des Gebäudes lebendig werden. Romantisch: die Übernachtung in der Turm-Suite. *69 Zi. | Augustinesstr. 10 | Tel. 02361/20 10 | Fax 20 11 20 | www.parkhotel-engelsburg.de | €€–€€€*

RESIDENZ HOTEL AM FESTSPIELHAUS 🔊

Die schöne Lage besticht: Nah zu Stadt und Stadtgarten, großer Beauty- und Wellnessbereich, einladende Terrasse. Das moderne Restaurant Allegro hat sich internationaler Küche verschrieben. *38 Zi. | Josef-Wulff-Str. 75 | Tel. 02361/917 10 | Fax 917 15 00 | www.residenz-recklinghausen.de | €€*

■ FREIZEIT & SPORT

ZECHE RECKLINGHAUSEN II

Auf dem Gelände der alten Zeche im Stadtteil Hochlarmark ist der *Bike- und Skatepark WheelFun* entstanden. In den neuen Park integriert sind das alte Fördergerüst, beliebt bei Boule-Spielern, und die Maschinenhalle als Hausadresse eines Tanzsportvereins. Zudem steht ein *Streethockeyfeld* zur Verfügung. *Zu erreichen über die Karlstraße | Infos: Tel. 02361/347 06*

■ AM ABEND

Insider Tipp

MOONDOCK ▶▶

Auf dem ehemaligen Kokereigelände König Ludwig ist die alte Lohnhalle zu einer angesagten Disco für alle Altersgruppen umgebaut worden. *Do–Sa ab 21 Uhr | Alte Grenzstr. 153 | www.moondock.tv*

■ AUSKUNFT

ÖFFENTLICHKEITSARBEIT STADT RECKLINGHAUSEN

Rathausplatz 3 | 45657 Recklinghausen | Tel. 02361/50 13 51 | www.recklinghausen.de

SCHWERTE

[133 E–F 2–3]) Ganz nah dran und trotzdem weit weg: Schwerte (51 000 Ew.) liegt idyllisch im Ruhrtal, dennoch ist die Metropole Ruhr schnell erreichbar. Beide Vorzüge nutzt die Stadt für ein Kulturereignis, das sie weit über die Region hinaus bekannt gemacht hat: Das „Welttheater der Straße" zieht jährlich open air nationale und internationale Künstler an sowie viele Gäste aus dem ganzen Ruhrgebiet. 962 erstmals urkundlich erwähnt, erhielt Schwerte 1397 die Stadtrechte. Durch den Einfluss der Hanse siedelte sich Metall verarbeitendes Gewerbe an, industriell ausgebaut wurde die Stadt Ende des 19. Jhs.

Insider Tipp

■ SEHENSWERTES

ALTSTADT

Theater ist nur an zwei Tagen im Jahr, die Bühne bleibt ganzjährig zu sehen: Die reizvolle Altstadt erschließt sich bestens beim „Altstadtrundgang" und beim „Schwerter Skulpturenweg" (Broschüren in der Touritik-Information). Neu und erstmals in Nordrhein-Westfalen gibt es den „Laternenweg": Heimische Sagen werden von Scherenschnitten an Laternen erhellt.

RUHRTAL-MUSEUM

Ein mumifizierter Haifisch, den Schwerter (Hanse-)Kaufleute als

Souvenir einst mitbrachten, ist der Star. Dazu kommen regionale Ausstellungen und Publikationen. *Di–So 11–17 Uhr | Brückstr. 14*

ESSEN & TRINKEN

GLASKASTEN

Mit Blick auf Ruhrwiesen und in gelungen restauriertem Industrie-Ambiente kommt Kreatives auf den Teller: von deftig bis edel. *Mo geschl. | Ruhrstr. 20 | Tel. 02304/201 30 01 | www.rohrmeisterei-schwerte.de | €€ – €€€*

EINKAUFEN

Insider Tipp

SCHWERTER SENFMÜHLE

Lecker scharfe Sachen: Die Wurzeln der Senfproduktion in dieser Mühle reichen bis ins Jahr 1845 zurück. *Ruhrstr. 16 | www.schwerter-senf muehle.de*

AUSKUNFT

TOURISTIK-INFORMATION

Brückstr. 14 | 58239 Schwerte | Tel. 02304/10 47 77 | www.schwerte.de

UNNA

[128 C4–5] Am besten lernen Sie die alte Stadt Unna (68 000 Ew.) bei einem Rundgang durch historische Gassen und liebevoll restaurierte Fachwerkhäuser kennen, die noch aus der Zeit der Hanse stammen. Die eigentliche Gründungsphase der Stadt begann um 1880, als die erste Zeche ihren Betrieb aufnahm. In der Folge siedelten sich Metall verarbeitende Betriebe und Brauereien in der Ackerbürgerstadt an. Heute hat sich die ehemalige Bergarbeiterstadt zum Verwaltungszentrum des gleichnamigen Kreises entwickelt.

SEHENSWERTES

NICOLAIVIERTEL

Unnas Künstlerviertel mit Galerien, Läden und Ateliers ist ein beliebter Platz zum Bummeln und Schauen. Das *Nicolaihaus,* das dem Quartier seinen Namen gab, wurde nach einem Stadtbrand 1730 neu erbaut. Das Gebäude steht heute unter der Obhut des Unnaer Musikvereins und beherbergt

14 Sorten Senf werden in der Schwerter Senfmühle komponiert und hergestellt

eine internationale Komponistinnen-
bibliothek.

ZENTRUM FÜR INTERNATIONALE LICHTKUNST

Ein Ort mit ganz eigenem Charakter:
Das einzigartige Zentrum präsentiert
Lichtkunst tief unter der Erde in den
Kühlgewölben der ehemaligen Lin-
denbrauerei, die zu den traditions-
reichsten im Ruhrgebiet gehörte. Seit
ihrer Schließung 1979 wandelte sie
sich zum Kulturtreff mit mehreren
Lokalen. Das Zentrum zeigt Installationen u.a. von Mischa Kuball, Ma-
rio Merz, Keith Sonnier und James
Turrell. Zum Angebot zählen auch
Wechselausstellungen und „Lichtrei-
sen" ins Revier. *Nur geführte Besu-
che | Lindenplatz 1 | Tel. 02303/
10 37 70 | www.lichtkunst-unna.de*

■ ESSEN & TRINKEN ■

GASTHOF MORGENTOR

Traditionsreichster Gasthof der Stadt
in einem alten Fachwerkhaus. Cock-
tails sind die Spezialität des Hauses.
*So/Mo geschl. | Morgenstr. 15 | Tel.
02303/53 98 86 | www.morgentor.
de | €€*

LANDHAUS ENTENTEICH

Etwas außerhalb werden die Gäste
mit gehobener Küche verwöhnt. Top-
Kombinationen regionaler und inter-
nationaler Küche sind die Regel. *Mo,
Di geschl. | Alleestr. 1 | Tel. 02303/
493 72 | www.landhausententeich-
unna.de | €€–€€€*

■ ÜBERNACHTEN ■

NACHTWÄCHTER

Einfache Pension mit eigener Bar im
Hause, mitten in der Innenstadt. *9 Zi.
| Schulstr.1 | Tel. 02303/124 49 | Fax
77 34 68 | www.nachtwaechter-
unna.de | €*

RINGHOTEL KATHARINEN HOF 🌊

Modernes, familiär geführtes 4-
Sterne-Komforthotel im Zentrum der
Stadt. Fitnessraum und Wellnessbe-

Zentrum für Lichtkunst: tanzende Neonformen im „Tunnel of Tears" von Keith Sonnier

reich, Fahrradverleih, Restaurant im Haus mit abwechslungsreichen kulinarischen Angeboten. *70 Zi. | Bahnhofstr. 49 | Tel. 02303/92 00 | Fax 92 04 44 | www.ringhotel-katharinenhof.de | €€€*

■ AUSKUNFT ■

I-PUNKT UNNA
Rathausplatz 1 | 59423 Unna | Tel. 02303/10 37 77 | www.unna.de

■ ZIELE IN DER UMGEBUNG ■

FÖRDERTURM DER ZECHE KÖNIGSBORN 3/4　　　　[129 D3]
8 km nördlich von Unna, in Bönen, liegt er, und Sie können ihn schon von Weitem sehen: den Förderturm über Schacht 4 der ehemaligen Zeche Königsborn. Die markante Gestaltung ist ein typisches Beispiel für die funktionalistische Architektur der 1920er-Jahre. Der Turm ist heute zusammen mit seinem westlichen Pendant, dem Förderturm von Rossenray am Niederrhein, Teil des Projekts

„Yellow Marker" des Lichtkünstlers Mischa Kuball. Mit jeweils zwei gelb leuchtenden Lichtröhren sind die 80 km entfernt voneinander liegenden Fördertürme als Ost- und Westpole der „Route der Landmarkenkunst" illuminiert. *Kontakt für eine Turmbesichtigung: Tel. 02383/28 74 | Bönen | Zechenstraße*

KETTENSCHMIEDEMUSEUM FRÖNDENBERG　　　　[129 D6]
10 km südlich von Unna können Sie ein Handwerk zwischen Romantik und Schwerstarbeit live erleben. Das Museum erinnert an die Blütezeit der Kettenherstellung. Sie sehen dem Kettenschmied bei seiner Arbeit am offenen Feuer zu und bis zu 100 Jahre alte Maschinen in Betrieb. *April–Okt. Sa, So 10–16 Uhr | Vorführungen am Schmiedefeuer jeden 1. So im Monat | Fröndenberg | Graf-Adolf-Str. 6 | www.kettenschmiedemuseum-froendenberg.de*

WALTROP

[127 F4] **Nahe am Münsterland hat diese kleine Bergbaustadt (30 400 Ew.) viel Grün zu bieten.** „Walltorpe", was soviel heißt wie Stadt am Walde, ist hervorragend an den Emscher-Park-Radweg angeschlossen. Besonders für ungeübte Fahrer sind die steigungsarmen Wege am Kanal geeignet. Allein 32 km Kanalufer laufen durch das Stadtgebiet.

■ SEHENSWERTES ■

SCHIFFSHEBEWERK HENRICHENBURG ★
Dieses Bauwerk aus Kaiserzeiten, mit dem der Höhenunterschied zwi-

schen zwei Kanälen überwunden wurde, hat Waltrop bekannt gemacht. Der wunderschöne, prächtig-filigrane, mit allerlei baulichen Accessoires der Jahrhundertwende versehene Technikbau stammt von 1899 und hat die Schiffe in einer Wanne mit Wasser gehoben und gesenkt. 14 m mussten überwunden werden. Die alte Hebewanne ist begehbar. Erst 1962 wurde ein neues, größeres Hebewerk gebaut. Weiter nördlich befinden sich zudem noch zwei Schleusen (1914 und 1989). Vergangenheit und Gegenwart dieser Ingenieursbauwerke fasst der *Schleusenpark Waltrop* zusammen. Ein Fußweg von fünf Minuten führt zu den Schleusen und einem weiteren Hebewerk, alles zusammen bildet den Schleusenpark. *Di–So 10–18 Uhr | Am Hebewerk 2 | www.schiffshebe werk-henrichenburg.de*

ZECHE WALTROP

Eine außergewöhnlich schöne Schachtanlage im Stil des Historismus. Liebevolle Details wie verschnörkelte Treppengeländer, aufwendig gestaltete Backsteinfassaden mit weißen Putzflächen, zahlreiche Giebel und Dachornamente, schmucke Fensterbögen und Eingangsportale lassen die frühere Nutzung kaum erahnen. 1903–06 errichtete der preußische Staat die Zeche, um die kaiserliche Marine mit Kohle zu versorgen. Bis 1979 wurde auf der „Zeche im Grünen" gefördert, und 1988 wurde das Hallenensemble unter

> BÜCHER & FILME
Das Revier in Auszügen – in Wort und Bild

> „Weil Samstag ist", lautet die ultimative Antwort des Ruhrgebietsautors und Fußballfans Frank Goosen auf die Frage, was man(n) an eben jenem Wochentag unternimmt: ins Stadion gehen natürlich

> Schalke – Helden von ganz unten – Die Geschichte des Vereins im wahrsten Sinne des Wortes nachgezeichnet hat Dirk Niewöhner mit diesem Comic

> Das Revier für kleines Geld, von Kultur bis Spaßbad, stellen Ulrike-Katrin Peters und Karsten-Thilo Raab mit dem Band Ruhrgebiet für eine Handvoll Euro vor

> In der wöchentlichen WDR-2-Kabarett-Radioreihe gibt Fritz Eckenga den Ex-Fußballmanager „auf Schalke",

privat sitzt er in lieber Dortmund auf der Tribüne, seine Erfahrungen im Leben dazwischen bilanziert er mit Du bist Deutschland? Ich bin einkaufen!

> Er ist unverwüstlich und bleibt die Nummer eins unter den Ermittlern im Ruhrgebiet: Als Tatort-Kommissar a. D. wurde „Schimmi" als Sonderermittler reaktiviert. Anfang 2011 löste er als kriminell guter Freiberufler seinen bereits 16. Fall

> 1998 sorgte Das Ekel von Datteln für regionales Aufsehen, mit Blütenträume hat die Dattelnerin Christiane Dieckerhoff, Mitglied im Autorenverbund „Syndikat", einen mörderisch spannenden Plot ins 60er-Jahre-Milieu des Reviers verlegt

Denkmalschutz gestellt. Unterschiedliche Unternehmen sind in die alten Hallen gezogen – von der Autowerkstatt bis zur Galerie. *Sydowstraße | www.route-industriekultur.de*

■ ESSEN & TRINKEN ÜBERNACHTEN

GASTHAUS STROMBERG

Nach einem Brand 2008 wurde von Grund auf renoviert – neues Fachwerk außen und stilvoll-modernes Ambiente innen schaffen viel Atmosphäre. Regionale Klassiker wie „Himmel und Äd", mit dem gewissen Kick zubereitet, sind auf der kleinen, feinen Karte ebenso zu finden wie Gerichte der internationalen Küche. *Mo geschl. | Dortmunder Str. 5 | Tel. 02309/42 28 | www.gasthausstromberg.de | €€€*

HAUS KRANEFOER

Mitten im Zentrum wird ein „Zuhause-Gefühl" vermittelt. Gutes Essen am Abend. Mittagstisch. *8 Zi. | Hilberstr. 12 | Tel. 02309/952 30 | Fax 95 23 30 | www.hotel-kranefoer.de | €€*

■ EINKAUFEN

Insider Tipp

MANUFACTUM

Der Versandhandel Manufactum hat Ende der 1990er-Jahre ein Zechengebäude bezogen. Einen Blick ins Innere sollten Sie unbedingt riskieren: Ohne die alte Ziegelhülle des Gebäudes zu zerstören, sind hier gläserne Büros galerieartig in die zentrale Halle gebaut worden. Das Unternehmen breitete sich mit einem Verkaufsraum in der alten Lohnhalle aus. Gebrauchsgegenstände, deren Design und Funktionalität für ihre

Zeit prägend waren, sind hier zu sehen und zu kaufen: vom Wasserkessel über die Schreibtischlampe bis zum Kühlschrank. Mit Bio-Lebensmittelladen und guter Gastronomie. *Mo–Fr 11–19, Sa 10–18 Uhr | Zeche Waltrop | Hiberniastr. 5 | www.manufactum.de*

Optisch wie technisch faszinierend: das Schiffshebewerk Henrichenburg

■ AUSKUNFT

BÜRGERBÜRO WALTROP

Münsterstr. 1 | 45731 Waltrop | Tel. 02309/93 03 55 | www.waltrop.de

> VIEL NATUR IM KREIS WESEL

Niederrheinische Flusslandschaft und Baggerseen –
Wasser ist allgegenwärtig

> **Eine Flusslandschaft mit Auen, Deichen und Überschwemmungsgebieten, den typischen, kugelförmig geschnittenen Kopfweiden und einer jahrhundertelangen bäuerlichen Bewirtschaftung weckt zunächst keine Assoziationen an „Ruhrgebiet".** Doch hat auch hier die Industrie einschneidende Spuren hinterlassen, gibt es Bergwerke, Halden und Bergarbeitersiedlungen. Zudem sind die Sande und Kiese, die die Niederrheinlandschaft erdgeschichtlich geformt haben, begehrter Rohstoff der Bauindustrie: Baggerseen durchlöchern weite Teile des Westens, nicht immer zur Freude der Naturschützer.

KAMP-LINTFORT

[130 A1–2] Die linksrheinische Stadt Kamp (41 000 Ew.) liegt im äußersten Westen des Ruhrgebiets. Sie entstand

Bild: der Rhein bei Wesel

DER WESTEN

1123 mit der Gründung der *Abtei Kamp,* des ersten Zisterzienserklosters auf deutsch-sprachigem Boden. Die Erweiterungsbauten haben der Anlage den Namen „Sanssouci am Niederrhein" eingebracht. Das Zeitalter der Industrialisierung begann 1912, als erstmals Kohle gefördert wurde. Im Stadtteil Lintfort finden Sie die größte komplexe Bergarbeitersiedlung des Ruhrgebiets, die inzwischen modellhaft saniert ist. Das

Bergwerk West fördert als eines der wenigen im Ruhrgebiet noch Steinkohle.

◼ SEHENSWERTES ◼

ALT-SIEDLUNG FRIEDRICH HEINRICH

Die 1909 erbaute Siedlung mit vielen kleinen Häuschen unter tiefen Giebeldächern folgt den architektonischen Prinzipien der englischen Gartenstadt. Wie viele Werkssiedlungen knapp dem Abriss entronnen, ist sie

KAMP-LINTFORT

heute saniert, restauriert und wegen ihrer Wohnqualität geschätzt. *Marktplatz/Ebertstraße*

KLOSTER KAMP ⭐

Um 1600 wurde das Kloster nahezu vollständig zerstört. Nur der Chor und das Langhausjoch blieben erhalten. Zwischen 1640 und 1700 wur-

■ ESSEN & TRINKEN ■

HOERSTGENER LANDHOTEL ZUR POST

Kleines, intimes Gourmetrestaurant mit Edlem aus französischer Küche und Keller, aber auch Bioprodukten aus der Region! 🔊 Auch 10 Zimmer. *So geschl. | Dorfstr. 29 | Tel. 02842/ 921 49 80 | www.hotelrestaurant-zur-post.de | €€€*

Prächtiger als das Kloster Kamp selbst ist sein barocker Terrassengarten

den Abtei und Kirche im Stil des Barock wieder aufgebaut. Sehenswert ist der ungewöhnliche, schön restaurierte Terrassengarten mit seiner barocken Gartenkunst. Außerdem gibt es einen interessanten Kräutergarten, und es finden regelmäßig Konzerte und andere Veranstaltungen statt. *Ordensmuseum: Di–Sa 14–18, So 11–18 Uhr | Abteiplatz 13 | Tel. 02842/ 40 62 | www.kloster-kamp.de*

■ ÜBERNACHTEN ■

CASINO IM PARK 🔊

Hotel in historischem Bau gegenüber der Zeche Friedrich Heinrich. Zimmer mit Parkblick. *24 Zi. | Friedrich-Heinrich-Allee 54 | Tel. 02842/ 963 40 | www.nk-hotels.de | €€*

GASTHOF ZUR LINDE

Alter Gasthof mit Restaurant; in der Nähe des Klosters Kamp gelegen.

6 Zi. | Hoerstgener Str. 153 | Tel. 02842/413 80 | €

▮ AUSKUNFT ▮
STADTINFORMATION
Am Rathaus 2 | 47475 Kamp-Lintfort | Tel. 02842/91 24 44 | www.kamp-lintfort.de

MOERS

[130 A–B2] Die Stadt (109 000 Ew.) gründet sich auf eine von den Römern angelegte Grenzbefestigung. Um 1600 entstand die Neustadt, die durch eine Brücke mit der Altstadt verbunden ist. Um 1870 erwarb hier die Familie Haniel ein Grubenfeld und begann mit den ersten Bohrungen. Um 1900 ging dann die erste Zeche in Betrieb, Zechen- und Arbeitersiedlungen entstanden. Heute wird in Moers keine Kohle mehr gefördert.

▮ SEHENSWERTES ▮
ALTSTADT ★
Die wunderschöne Altstadt ist fast komplett Fußgängerzone. Am *Kastellplatz* können Sie das 1898 im Stil der Renaissance erbaute ehemalige *Kreisständehaus* und die alten *Brandgassen* bewundern, die einst an den Stadtwall grenzten. Auf dem *Neumarkt* mit dem Denkmal von König Friedrich I. bieten heute dienstags und freitags Markthändler ihre Waren an. Gegenüber der evangelischen *Stadtkirche* aus dem 15.–16. Jh. steht das älteste erhaltene Bürgerhaus der Stadt mit einer klassizistischen Fassade. Zentrum der Altstadt ist der *Altmarkt* mit dem *Preußen-Denkmal.* Viele Hausfassaden hier stammen aus dem 17.–18. Jh. Sie bilden die grandiose Kulisse für das „Comedy Arts Festival", das seit über 30 Jahren in der Altstadt stattfindet.

SCHLOSS/KASTELL
Die Rundburg wurde auf einer schwer zugänglichen Insel zwischen moorigen Rheinarmen erbaut und stammt aus dem 13.–15. Jh. Seit fast 100 Jahren ist im Schloss das *Grafschafter Museum (Di–Fr 9–18, Sa/So 11–18 Uhr)* untergebracht. *Kastell 9*

SCHLOSSPARK
Mit seinen Wasserpartien und teilweise 150 Jahre altem, exotischem Baumbestand gehört der Park im Zentrum zu den schönsten Gartenanlagen am Niederrhein. *Hauptzugang: Kastell Hankwitzstraße*

▮ ESSEN & TRINKEN ▮
KURLBAUM
In der Altstadt weist ein Schweinchen über der Tür zum Eingang in die „beste Küche von Moers". Gutes Preis-Leistungs-Verhältnis bei sterneverdächtigen Speisen. *Di geschl. | Burgstr. 7 | Tel. 02841/272 00 | www.restaurant-kurlbaum.de | €€*

MARCO POLO HIGHLIGHTS

★ **Kloster Kamp**
Gartenkunst vom Feinsten im barocken Terrassengarten (Seite 98)

★ **Altstadt**
Die sehenswerte Altstadt ist Moers' Fußgängerzone (Seite 99)

Auf Gut Bossigt – heute Hotel Haus Duden
– wurde der Verfasser des „Duden" geboren

■ ÜBERNACHTEN

WELLING'S HOTEL ZUR LINDE 🔊

Traditionsreiches Gasthaus im Stadtteil Repelen mit individuell einge-
richteten Zimmern. Das Restaurant
bietet gehobene Küche (exzellente
Weinkarte), aber auch deftige Haus-
mannskost. *60 Zi. | An der Linde 2 |
Tel. 02841/97 60 | www.hotel-zur-lin
de.de | €€*

■ AM ABEND

SCHLOSSTHEATER MOERS

Kleinstes deutsches Stadttheater, das
sich durch zeitgenössische und expe-
rimentelle Inszenierungen einen
überregionalen Ruf erworben hat.
*Kastell 6 | Programm und Karten un-
ter Tel. 02841/88 34-110 | www.
schlosstheater-moers.de*

■ AUSKUNFT

STADTINFORMATION STADT MOERS

*Homberger Str. 4 | 47441 Moers | Tel.
02841/88 22 60 | www.moers.de*

WESEL

**[125 D3–4] Die Kreisstadt Wesel (64 000
Ew.), rechtsrheinisch zwischen Rhein und
Lippemündung gelegen, gehörte um 1400
zur Hanse.** Die Stadt am Rheinufer ist
von der typischen Landschaft des
Niederrheins umgeben. Im Zweiten
Weltkrieg wurde die historische Altstadt nahezu gänzlich vernichtet, Wesel zu 98 Prozent zerstört. Erhalten
blieb wenigstens die große Festungs-
anlage, die um 1700 errichtete *Zitadelle,* in der heute das Preußen-Mu-
seum untergebracht ist.

■ SEHENSWERTES

PREUSSEN-MUSEUM *Insider Tipp*

Im ehemaligen Körnermagazin der
Weseler Zitadelle wird auf 2000 m²
die über 300-jährige Geschichte
Brandenburg-Preußens im Rheinland
dargestellt. Das neu errichtete Museum nutzt im Kellergeschoss noch
die historische Raumgliederung mit
Tonnengewölben. Museumsshop,
Cafeteria. *Mi–So 11–17 Uhr | An der
Zitadelle 14–20 | www.preussenmu
seum.de*

> **www.marcopolo.de/ruhrgebiet**

ESSEN & TRINKEN

BAUERNCAFÉ HELLENHOF

Direkt am Deich nahe der Rheinfähre gelegen. *April–Okt.* | *Mo geschl.* | *Marwick 13* | *Tel./Fax 02859/252* | €

LIPPESCHLÖSSCHEN

Das kleine Schloss diente schon den Offizieren Napoleons als Kasino. Restaurant mit liebevollem Service und gutbürgerlicher Küche. Kulinarisches Extra: alles konsequent „bio". *Di geschl.* | *Hindenburgstr. 2* | *Tel. 0281/44 88* | *www.lippeschloesschen. de* | €€

RESTAURANT ART

Anspruchsvoll ausgestattetes Restaurant an der Weseler Aue. Auch hier kommt bei Gemüse und Fleisch „öko" auf den Tisch. Spezialität: vegetarische Gerichte. *Di geschl.* | *Reeser Landstr. 188* | *Tel. 0281/975 75* | *www.restaurant-art.de* | €€

ÜBERNACHTEN

HOTEL HAUS DUDEN

In dem denkmalgeschützten Gemäuer wurde 1829 Konrad Duden geboren. Mitten im Grünen gelegenes Komforthotel mit der zünftigen Dudenstube und dem eleganten Parkrestaurant. *62 Zi., 3 Suiten* | *Konrad-Duden-Str. 99* | *Tel. 0281/962 10* | *Fax 962 11 00* | *www.hotel-haus-duden. de* | €€–€€€

WALDHOTEL TANNENHÄUSCHEN 🔊

Einzigartige Parklage. 5300 m² Wellnessbereich mit Schwimmbad, Saunen etc. Im Restaurant können Sie fein speisen, in der Bauernstube zünftig. Leihräder. *65 Zi., 10 Suiten* | *Am Tannenhäuschen 7* | *Tel. 0281/ 966 90* | *Fax 96 69 99* | *www.tannen haeuschen.de* | €€–€€€

FREIZEIT & SPORT

AUESEE ▶▶

Der See im *Freizeitzentrum Rhein-auepark* bietet reichlich Platz für Badegäste, Segler, Surfer und Taucher. *In der Aue*

RIVER-LADY

Beschauliche Rundfahrten auf dem Rhein mit einem historischen Raddampfer. Zustieg: Rheinpromenade. *Rundfahrten April–Okt., Dez.* | *Tel. 0281/824 22* | *www.river-lady.de*

AUSKUNFT

STADTINFORMATION WESEL

Großer Markt 9 | *46483 Wesel* |

Tel. 0281/203 23 01 | www.weselmarketing.de

XANTEN

[124 B4] Xanten (20 000 Ew.) ist die nordwestlichste Stadt im Ruhrgebiet und mit ihrer über 2000-jährigen Geschichte auch die älteste. Bis hierhin waren die Römer bereits 200 v. Chr. gekommen. Neben einem Militärlager entstand die Veteranensiedlung „Colonia Ulpia Traiana", heute eine Fundgrube für Archäologen. Die Reste der Römerstadt können Besucher im *Archäologischen Park* bestaunen. An die Römerzeit erinnert auch die „Römer-Route", ein 286 km langer Fahrradweg, der der Marschroute der Römer entlang der Lippe von Xanten bis nach Detmold folgt. Machen Sie vorher einen Bummel durch das historische Stadtzentrum mit dem *Dom St. Viktor* inmitten der alten Stadtbefestigung mit ihren Wällen, Türmen und Toren. Rings um die Stadt erstreckt sich die weit ins Land reichende Rheinaue mit ihren periodisch überfluteten Altstromrinnen.

■ SEHENSWERTES ■

ARCHÄOLOGISCHER PARK

Seit 1974 wird hier gegraben, um die Anlage der alten Römerstadt Colonia Ulpia Traiana zur erforschen und einzelne bauliche Teile zu rekonstruieren. Amphitheater und Herberge sind als lebensgroße Modelle über den ausgegrabenen Resten nachgebaut. In dem 60 ha großen Park und im *Römermuseum* erfahren Sie, wie es auf den Straßen und in den Häusern der antiken Stadt aussah. Im zugehörigen *Restaurant* werden Speisen wie im alten Rom zubereitet. Im Amphitheater des Parks finden bei den alljährlichen *Sommerfestspielen* im Juli und August Popkonzerte, Theater- und Opernaufführungen statt. *März–Okt. tgl. 9–18 Uhr | Trajan-Str. 4 | Tel. 02801/988 92 13 | www.apx.lvr.de*

BISLICHER INSEL

Insider Tipp

Mitten im Altrhein, dem früheren Flussbett des Rheins, liegt die ca. 1200 ha große Bislicher Insel. Zahlreiche Vogelarten finden hier einen einzigartigen Lebensraum. Das Feuchtbiotop ist alljährlich Überwinterungsstätte für über 25 000 Bless- und Saatgänse. Besucher müssen sich streng an die Vorschriften des Naturschutzes halten. Die Insel lässt sich auch gut mit dem Fahrrad umrunden. *Di–So 10–17/18 Uhr | Informationszentrum Bislicher Insel | Tel. 02801/98 82 30 | www.naturforum-bislicher-insel.de*

DOM ST. VIKTOR

Ein ganz besonderes Gotteshaus mit einer reichhaltigen und kostbaren Ausstattung: flandrische Wandteppiche, fünfzehn Altäre, einzigartige Glasbilder und ein wertvoller Domschatz. Der Dom, 1263 von Friedrich von Hochstaden gegründet, wurde erst im 16. Jh. fertiggestellt. Jeden Monat Domkonzert! *Kapitel*

Insider Tipp

■ ESSEN & TRINKEN ■

GOTISCHES HAUS

Restaurant mit stilvoller, aber zwangloser Atmosphäre im ältesten Haus Xantens, am Marktplatz gelegen. Internationale Küche. *Tgl. | Markt 6 | Tel. 02801/70 64 00 | www.gotisches-haus-xanten.de | €€*

RESTAURANT NEUMAIER

Xantens wohl lauschigster Biergarten mit einer über 80 Jahre alten Kastanie. Im familiengeführten Betrieb kommen Gerichte aus der Region auf den Tisch. Außerdem gibt es Gästebetten in 14 Zimmern. Ideal für Radtouristen: In der Nähe führen verschiedene regionale Radwege vorbei. *Tgl. | Orkstr. 19–21 | Tel. 02801/ 715 70 | www.hotel-neumaier.de | €€*

■ ÜBERNACHTEN ■

HOTEL VAN BEBBER 🔊

In der Altstadt direkt am Dom gelegenes 4-Sterne-Hotel. Historisch eingerichtete Zimmer mit höchstem Komfort. Ausgezeichnete Küche und Weinkeller, Hotelbar in 400 Jahre altem Gewölbe. *36 Zi. | Klever Str. 12 | Tel. 02801/66 23 | Fax 59 14 | www. hotelvanbebber.de | €€€*

ILSHOF

Ferienwohnungen auf dem Bauernhof; Frühstück auf Anfrage. *Am Kerkend 18 | Tel. 02801/702 95 | Fax 62 77 | www.ilshof.de | €€*

■ FREIZEIT & SPORT ■

FREIZEITZENTRUM XANTEN

Hier erwarten Sie Strandkörbe und ein 600 m langer Sandstrand – Sommerfeeling pur gibt's auf der *Xantener Südsee*. Auf der *Xantener Nordsee* können Sie surfen, segeln, Tretboot und Kanu fahren und in der Wassersportschule tauchen lernen. *Strohweg 2 | Tel. 02801/71 56 56 | www.xanten.de*

■ AUSKUNFT ■

TOURIST-INFO XANTEN

Kurfürstenstr. 9 | 46509 Xanten | Tel. 02801/983 00 | www.xanten.de

Der „Hafentempel" von Xanten wurde im Archäologischen Park in Originalgröße rekonstruiert

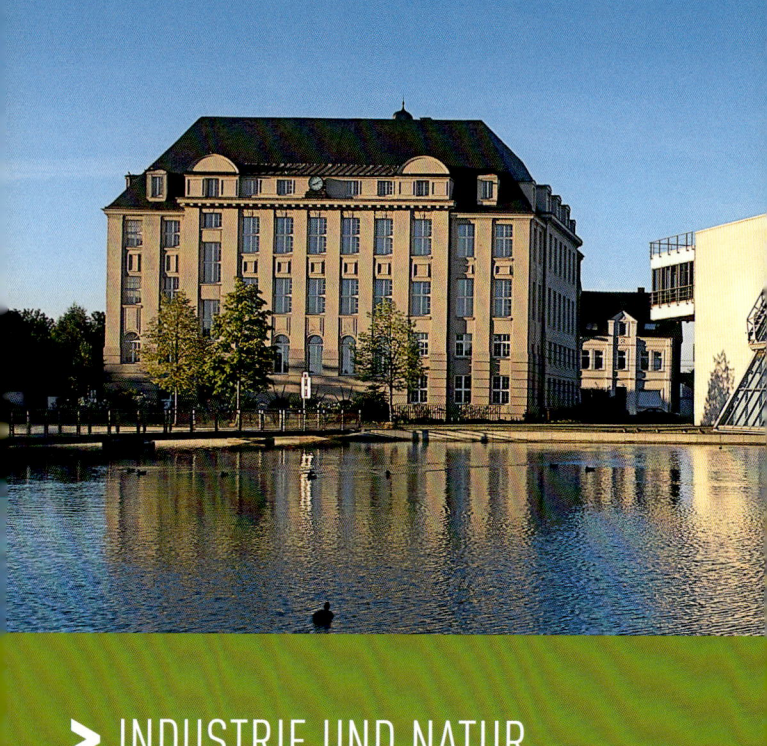

> INDUSTRIE UND NATUR

Bei Tag und bei Nacht eine ungewöhnliche Stadtlandschaft erleben

Die Touren sind auf dem hinteren Umschlag und im Reiseatlas grün markiert

Bild: Wissenschaftspark Rheinelbe, Gelsenkirchen

1 EIN TEILSTÜCK DER „ROUTE DER INDUSTRIENATUR"

Dass die Landschaft im Ruhrgebiet völlig anders ist als das, was man sonst als Natur kennt, das kann man auf dieser Route erleben. Die Natur konnte so auf Zechenbrachen, Bergehalden und Hochofenarealen im zentralen Ruhrgebiet nur entstehen, weil Menschen sich lange Jahre nicht für diese Flächen interessierten. Als Tagestour lassen sich die rund 20 Stationen der *Route der Industrienatur* erkunden, hier ein Ausschnitt.

Ausgangspunkt ist **Haus Ripshorst**, in **Oberhausen** *(S. 62)* am Kanal und unweit des Gasometers gelegen. Ein alter Bauernhof inmitten von Feldern und Wiesen beherbergt heute Natur- und Umweltschutzverbände sowie ein Informations- und Ausstellungszentrum zur Route und zur Industrienatur allgemein *(Ripshorster Straße)*. Ganz in der Nähe liegt der **Gehölzgar-**

AUSFLÜGE & TOUREN

ten Ripshorst, ein Arboretum *(Osterfelder Straße)*. Die Sammlung zeigt Gehölze, die zum Teil auch schon voreiszeitlich in der Region zu finden waren. Südlich der Ripshorster Straße erstreckt sich die Fläche des ehemaligen *Sammelbahnhofs Essen-Frintrop.* Kleine Spazierwege führen durch das Gelände und lenken den Blick auf ein merkwürdiges Miteinander von Pflanzen. Wenn die Goldrute neben dem Schmetterlings-

strauch und dem Greiskraut wächst, dann treffen an den Gleisen drei Kontinente zusammen: Nordamerika, Asien und Afrika. Das Greiskraut, eine bis in den November gelb blühende Pflanze, ist mit Erztransporten aus Südafrika gekommen.

Über die A 42 geht es Richtung Osten nach Essen *(S. 45)*. Nach der Ausfahrt Gelsenkirchen-Heßler den braunen Schildern „Zollverein" folgen. Das Ziel ist der dortige Zechenwald *(Gelsenkirchener Str. 181)*. Auf dem schwarzen Boden aus Bergematerial und Kohleschlämmen haben sich 300 Pflanzenarten angesiedelt. Der Rundgang ist ausgeschildert. Im Wald verstreut sind Skulpturen des Künstlers Ulrich Rückriem.

Jetzt den Schildern „Essen-Zentrum" folgen und auf der A 40 bis nach Bochum-Werne fahren. Die Halde Lothringen des Areals liegt beim gleichnamigen 1967 stillgelegten Bergwerk und ist zugänglich über den großen Gewerbepark-Kreisel (Kirchharpener Str.). Hier steht auch eine Infotafel. Ein Spazierweg führt auf die Halde, deren Ausmaße sich erst erschließen, wenn man von ihrem Rand in den „Abgrund" schaut.

Weiter nordöstlich, nach einer Fahrt quer durch das angrenzende Castrop-Rauxel *(S. 76)* hält die 40 ha Brache der *Zeche Victor III/IV* an der Langen Straße im Ortsteil Ickern ganz im Norden einige Überraschungen bereit. Seit Stilllegung der Zechen 1973 war das Gelände sich selbst überlassen. Eine Grassteppe legte sich über das Areal, gesäumt von einem Birkenwald und kleinen Gehölzen. *Infos: Haus Ripshorst | Ripshorster Str. 306 | Oberhausen | Tel. 0208/883 34 83 | s. S. 63*

Insider Tipp

2 RUHRGEBIET BEI NACHT

Die Feuer der alten Industrie sind im Ruhrgebiet nahezu erloschen, die alten Wahrzeichen wurden durch neue ersetzt. Eine nächtliche Fahrt über den Emscherschnellweg (A 42) zeigt die Lichter an typischen Landmarken, die zumeist mit Künstlern zusammen entwickelt wurden.

Startpunkt ist der Landschaftspark Duisburg-Nord *(S. 43)*. Das Panorama, das sich mit Beginn der Dunkelheit bietet, entfaltet einen einzigartigen Zauber: Die grellbunte Lichtskulptur der Hochöfen entflammt in Glutrot, Violett, leuchtendem Grün, Gelb und Eisblau. Weiter geht es auf der A 42. Bei Oberhausen zeigt sich der Gasometer *(S. 63)* in seinem Nachtkleid: Ein blau leuchtender Kranz an seinem Dach und der blau illuminierte Treppenturm erfassen seine Maße. Bei Bottrop taucht dann das Nachtbild des Tetraeders *(S. 35)* auf. Eine zurückhaltende Lichtinszenierung in der Spitze der Stahlrohrfigur, entwickelt von dem Künstler Jürgen LITFischer. Zart gelb leuchtende Röhren bilden Teile der Konstruktion nach, eher als Zackenlinie denn als geschlossene Form. Wer Lust auf einen Haldenaufstieg hat, sollte die Autobahn verlassen. Der Blick, der sich vom Tetraeder auf die Kokerei Prosper auftut, lohnt die Mühe: Das filigrane Lichtergewirr muss man auf sich wirken lassen und es zum Vergleich mit der nächsten Station einfach kurz im Gedächtnis behalten.

Denn die Kokerei Zollverein in Essen *(S. 47)* wartet auf der Südseite der Autobahn mit einem ganz anderen Nachtbild. Schon bei der Anfahrt tauchen die bis zu 96 m hohen Schornsteine der riesigen Anlage auf. Die sechs Schornsteinspitzen sind umspielt von rot leuchtenden Lichtpunkten. Die nächtliche Landmarke mit ihren Koksofenbatterien und den Kohlebunkern ist hingegen in glutrotes Licht gehüllt. Am besten ist das ganze Schauspiel unter der kolossalen Ausdrückmaschine, wo im Som-

> *www.marcopolo.de/ruhrgebiet*

mer ein lauschiger Biergarten ist, zu beobachten. Die volle Länge der Lichtskulptur spiegelt sich in einer die Anlage begleitenden Wasserachse. Die Anlage ist Tag und Nacht offen, eine Teerstraße – ganz in blaues Licht gehüllt – bietet sich als Promenade an.

Zwei leuchtende Landmarken liegen in **Gelsenkirchen** *(S. 51)*: Von der Kokerei aus führt der Weg ins Essener Zentrum bis zur A 40 in Richtung Dortmund. Die Ausfahrt Gelsenkirchen ist nicht weit. Die Strecke stadteinwärts führt zum **Wissenschaftspark Rheinelbe**. Hier erwartet die Besucher eine Licht-Installation vom amerikanischen Künstler Dan Flavin im Inneren der Glasarkade: Grüne und blaue Leuchtstoffröhren scheinen durch die transparente Architektur und spiegeln sich in dem kleinen See. Von hier aus geht es in den Norden

Insider Tipp

der Stadt: den Ausschilderungen zur A 2 folgen, und Richtung Oberhausen auffahren. Das folgende Nachtkunstwerk erschließt sich aus der Distanz: Die **Rungenberghalde** in Gelsenkirchen – ein Monstrum, das neben der Siedlung Schüngelberg auftaucht – ist mit zwei symmetrisch gehäuften schwarzen Kegeln aus Bergematerial gekrönt. Nachts wird dieser Doppelgipfel wieder geschlossen: Zwei blaue Lichtstrahlen, gen Himmel gerichtet, kreuzen sich und schließen die Figur. Von der **Siedlung Schüngelberg** *(S. 52)* aus lässt sich das Haldenwerk über eine steile Treppe erklimmen. Ergänzende Infos zu dieser Tour im *Besucherzentrum für Landmarkenkunst in der Ludwig Galerie Schloss Oberhausen | Konrad-Adenauer-Allee 46 | April–Okt. Di–So 9.30–18 Uhr | Tel. 0208/412 49 28 | www.ludwiggalerie.de*

Eines der neuen Wahrzeichen des Ruhrgebiets: der Tetraeder in Bottrop

EIN TAG IN DORTMUND

Action pur und einmalige Erlebnisse.
Gehen Sie auf Tour mit unserem Szeneautor

POWER TANKEN

8:30

Wem am Morgen der Magen knurrt, der ist im *Café Creme* richtig. Die Frühstückskarte ist riesig, die Croissants lecker, und der Kaffee gibt neue Energie für den Tag. **WO?** *Olpe 21 | So geschl. | Tel. 0231/950 92 34*

9:00

ÖKOLOGIE-FÜHRUNG

Mit einem Guide erlebt man ein wichtiges Kapitel Zechengeschichte. Es geht von der Schachthalle zur Abraumhalde in einem nahegelegenen Tal. Dabei erklärt der Führer, wie sich die Landschaft durch die Zeche Zollern II/IV Dortmund verändert hat. Tipp: strapazierfähige Kleidung und feste Schuhe anziehen. **WO?** *Westfälisches Industriemuseum | Grubenweg 5 | Kosten: 40 Euro | Tel. 0231/696 11 11 | www.lwl-industriemuseum.de*

CLIFFHANGER

11:15

Eine Kletterhalle der Superlative: Wände mit verschiedenen Routen und Türmen, Klettersteige mit senkrechten Eisenleitern und sogar Hängebrücken versprechen Nervenkitzel pur. Keine Sorge, der Profi zeigt, wie's geht! **WO?** *Klettermax Kletterzentrum | Hermannstr. 75 | Termin vereinbaren unter Tel. 0231/427 02 57 | Kosten: 25 Euro/30 Min. inkl. Material | www.kletter-max.de*

12:30

LUNCH IN DER WOHNKÜCHE

Nicole Lenferts *Kitchen Club* hat das Flair einer gemütlichen Wohnküche. Wie „bei Mama" schmecken auch die vegetarischen Gerichte. Der *Kitchen Club* garantiert frische Zutaten und wechselt seine Karte alle zwei Wochen! **WO?** *Plauenerstr. 2 | Tel. 0231/589 77 06 | www.kitchen-club.net*

24 h

RUHRPOTT-VIEW

13:30

Hier dreht sich alles um Kohle, Bier und Fußball: Mit dem Bollerwagen geht's auf eine Sightseeingtour der besonderen Art. Der Guide verrät während des Rundgangs durch die Innenstadt die kleinen Geheimnisse von Wettergänger, Büdchen und Fassträger. **WO?** *Kulturvergnügen* (Ruhrpott-Diplom) | Treffpunkt: Berswordthalle, Friedensplatz | Anmeldung unter Tel. 0231/477 05 32 | Kosten: 32 Euro/Person | www.kulturvergnuegen.com

15:30

SCHOKOLADE MIT MOTIV

Wem allein beim Gedanken an Pralinen schon das Wasser im Mund zusammenläuft, der ist im *Pott au Chocolat* richtig. Hier sind die kleinen Süßigkeiten nicht nur verführerisch lecker, sondern auch mit Motiven aus Dortmund wie z. B. dem Kaiser-Wilhelm-Denkmal oder der Westfalenhalle verziert. Das ideale Mitbringsel für die Lieben zu Hause. **WO?** Hansastr. 99 | Tel. 0231/42 78 66 78 | www.pottauchocolat.de

WAS FÜR EIN THEATER!

19:00

Das Theater *Fletch Bizzel* ist der Hotspot in Sachen Kleinkunst und Kabarett. Mit Kabarett- oder Theateraufführungen sorgt das Ensemble für einen unterhaltsamen Abend: Von Goethe bis Improvisationstheater ist alles dabei. **WO?** Humboldtstr. 45 | Tel. 0231/ 14 25 25 | www.fletch-bizzel.de

23:00

DINNER & DRINKS

Bei einem Drink im stylishen *New Islands* stilvoll den Abend ausklingen lassen und einen Melonen-Daiquiri bestellen. Hungrig? Bei frittierten Sardellen mit Aioli oder Rinderhüftsteak fällt die Wahl schwer. **WO?** Kaiserstr. 24 | Tel. 0231/532 16 66 | newislands.de/gallery.shtml

> MIT RAD ODER AUF SKIERN DIE HALDE HINAB

Viele klassische Sportarten, dazu Trendiges und Ungewöhnliches zum Ausprobieren

> Das Ruhrgebiet ist Sportland: Sie werden überrascht sein, was Ihnen die Region jenseits von Fußball zu bieten hat und wie begeistert die Menschen hier Sport treiben. Das Angebot ist enorm vielfältig: Von A wie Alpinsport bis W wie Wakeboarding ist von der Trendsportart bis zum Klassiker alles dabei.

■ BEACHVOLLEYBALL ■

Baggern, was das Zeug hält: Das *Indoor Beachsport Center* am Kemna-der See in Bochum-Witten bietet auf sieben Plätzen optimale Bedingungen für das sandige Vergnügen. *Luhnsmühle 2 | Witten | Tel. 02302/ 58 04 00 | www.beachsport.de*

■ EISLAUFEN ■

Eislaufhallen gibt es in fast jeder Revierstadt. Essen besitzt die längste Eiskunstlaufbahn der Welt (600 m), noch dazu unter freiem Himmel. Unterhalb der 106 denkmalgeschützten

Bild: Baldeney-See, Essen

SPORT & AKTIVITÄTEN

Koksöfen auf der Kokerei Zollverein können Sie während der Saison von Dezember bis Ende Januar Ihre persönliche Bestmarke aufstellen. *Kokerei Zollverein | Arendahls Wiese | Essen | Tel. 0201/86 87 98 09 | www. zollverein.de*

GOLF

Im Ruhrgebiet gibt es eine ganze Reihe ausgezeichneter 9- und 18-Loch-Golfplätze. Auch Cross-Golf wird immer beliebter. *Red Golf* in Oberhausen-Osterfeld, die größte öffentliche Golfanlage des Ruhrgebiets, ist auf dem Gelände der Zeche Jacobi entstanden. Die professionelle 9-Loch-Anlage bietet neben einer Driving-Range eine Golfschule, in der man die Platzreife erlangen kann, sowie Putting- und Chipping-Greens. *Red Golf Oberhausen | Jacobistr. 35 | Oberhausen | Tel. 0208/299 73 35 | www.redgolf-oberhausen.de*

HALDENBIKING

Auf der Deponie Huckarde in der Nähe des Dortmunder Hafens ist ein gefragter Mountainbike-Parcours entstanden: Biker-X-Strecken internationalen Niveaus, Übungsparcours für Einsteiger und Singletrails mit Blick auf Dortmund stehen zur Verfügung. *Anfahrt über Lindbergh-straße oder Deusener Straße | www.edg-mountainbike-arena.de*

70 m hoch ist die *Halde Hoppenbruch* in Herten und von Mountainbikern gut besucht. Hier soll ein Mountainbike-Leistungszentrum entstehen. *Zu erreichen über die Straße Im Emscherbruch*

Mountainbikeschulen zeigen tolle Tricks und coole Trails, so an verschiedenen Standorten die *Bikeride-Schule, z. B. in Schloss Steinhausen | Witten | Tel. 02302/94 18 48 | www.bikeride.de*.

INLINESKATEN

Die besten Skatestrecken befinden sich an der Südseite des *Baldeney-Sees* in Essen und rund um den *Kemnader See* im Städtedreieck Bochum/Witten/Hattingen.

KLETTERN

Trotz fehlender Berge: Die Kletterwände im stillgelegten *Thyssen-Stahlwerk* in Duisburg bieten reichlich Gelegenheit, die Wände hochzugehen. Einweisung und Tipps geben Kletterprofis. *Landschaftspark Duisburg-Nord | Emscherstr. 71 | Duisburg | Tel. 0203/42 81 20 | www.landschaftspark.de*

Die Indoor-Wand in der ehemaligen *Lohnhalle der Zeche Helene* wurde zum Kletterpütt. 13 m hoch,

Schwierigkeitsgrad 3–9, Kamin- und Rissklettern sind möglich, 600 m² Kletterfläche. *Twentmannstr. 125 | Essen | Tel. 0201/17 19 59 66 | www.dav-essen.de*

RADFAHREN

230 km lang, führt der *Emscher-Park-Radweg* mitten durch das einst schwerindustrielle Herz des Ruhrgebiets – oft an Kanälen und Halden entlang oder mitten durch alte Bergarbeiter-Siedlungen. GPS-Download unter *www.rvr-online.de*. Die *Route der Industriekultur* ist auch per Rad zu erleben, der 350 km lange *Rundkurs Ruhrgebiet* führt u. a. über ehemalige Bahntrassen, Waldwege und verkehrsarme Straßen: *www.route-industriekultur.de/route-per-rad/*. Der *Ruhrtal-Radweg* folgt den idyllischen Abschnitten der Ruhr: *www.ruhrtalradweg.de*.

Insider Tipp

REITEN

Rund 350 km Reitwege sind im Ruhrgebiet verbunden. Dass Reitwegenetz *Naturpark Hohe Mark Ost* ist im Kartenmaterial des RVR abgebildet *(Info- und Bestell-Tel. 0201/206 92 75)*. In der gesamten Region gibt es zahlreiche Möglichkeiten für Ausritte und Reiterferien, Informationen dazu zum Beispiel unter *www.pferde.de*.

SEGELN & SURFEN

Die meisten Vereine gibt es am Essener Baldeney-See; allerdings können Sie hier kein Boot leihen.

Der 125 ha große *Kemnader See* ist ein ideales Wassersportrevier. Beim Bootsverleih können Sie neben Segelbooten auch Tret- und Elektroboote ausleihen. Der See eignet sich ferner gut zum Surfen. *Freizeitzentrum Kemnade | Querenburger Str. 29 | Witten | Tel. 02302/201 20 | www.kemnader-see.de*

Vor den Toren der Domstadt hat das *Freizeitzentrum Xanten* mit der „Nordsee" und der „Südsee" ein Segel-Eldorado geschaffen. Hier kann man den Sport lernen oder sich zu zivilen Preisen ein Boot leihen. *Strohweg 2 | Xanten | Tel. 02801/71 56 56 | www.f-z-x.de*

SKIFAHREN

Auf der ehemaligen Bergehalde Prosper steht mit dem *Alpincenter* der größte Kühlschrank der Welt. Die ganzjährig betriebene Skihalle mit Echtschneeverhältnissen bietet eine 640 m lange Piste mit einem Gefälle zwischen 5 und 24 Prozent. Neben Skischule und Materialverleih findet man in sechs Almhütten und an der Talstation auch gastronomische Angebote. *Prosperstr. 299–301 | Bottrop | Tel. 02041/709 50 | www.alpincenter.com*

TAUCHEN

Wassertemperatur im Winter: ganze 6 Grad! Im alten Gasometer im Landschaftspark Duisburg-Nord bietet sich ein einmaliges Unterwasserrevier. Tauchtiefe: 13 m – mehr als in jedem Hallenbad. Der „Verein der Taucher im Nordpark" hat den Gasometer gereinigt und mit einer skurrilen Unterwasserlandschaft versehen: Schiffswrack, Autoskelett und kleines Riff. Mit Tauchschule. *Tauchgasometer | Duisburg | Emscherstr. 71 | Tel. 0203/410 53 53 | www.tauchrevier-gasometer.de*

Vier Mal gute Werte in der B-Note: Im Alpincenter kann man das ganze Jahr über trainieren

❯ „HUNDE, FUCHS UND OFENSAU"

Spiel? Action? Abenteuer? Lernen mit Spaß?
Alles kein Problem im Ruhrgebiet!

❯ Kleine Menschen sind im Ruhrgebiet herzlich willkommen! Kinder werden in fast allen Angeboten berücksichtigt. Aber es gibt darüber hinaus ganz spezielle Attraktionen für Kinder.

▮ DIE MITTE ▮▮▮▮

DEUTSCHLAND-EXPRESS   [126 B–C6]

Die großen alten Zechenhallen machen es möglich: Eine der größten Modelleisenbahnen der Welt hat sich die *Zeche Nordstern* als Domizil aus-

Bild: Schloss Beck, Bottrop-Kirchhellen

gesucht. 1100 Gebäude, 12 000 Figuren und 250 Züge machen das Szenario lebendig. *Do–So 10–18 Uhr | Am Bugapark 1 c | Gelsenkirchen | Eintritt 6,90 Euro, Kinder 4 Euro, Familien 15 Euro | www.der-deutsch landexpress.de*

ERFAHRUNGSFELD DER SINNE   [131 F2]
Inside Tipp

Hugo Kükelhaus hat unserer Zeit ein wichtiges Erbe hinterlassen. Der Pädagoge und Anthroposoph hat mit

MIT KINDERN UNTERWEGS

seinem *Erfahrungsfeld der Sinne* einen Parcours entwickelt, der die Fernseh- und Computergeneration zurückführt auf das, was sie verkümmern lässt: riechen, schmecken, tasten, lauschen, fühlen. Dieser Parcours ist in einer sehr schönen kleinen Maschinenhalle untergebracht, auf *Zollverein Schacht 3/7/10.* Auf einem schwingenden Stein sitzen, die Augen schließen, erleben, was für verrückte Muster die Schwingungen

eines Schlagzeugbeckens erzeugen, oder sich an dem Farbenspiel durch Lichtbrechung im Prisma freuen. *Mo–Fr 9–18, Sa/So 10–18 Uhr | Dornbuschhegge/Am Handwerkerpark | Essen | Tel. 0201/30 10 30 | Eintritt 7 Euro, Kinder 3–5 Euro |* *www.erfahrungsfeld.de*

KIDSPLANET [127 E6]
Kinderzimmer in XXL-Ausführung: Auf dem Kidsplanet hat schlechtes

Wetter keine Chance: Die Geburtstagsparty in und der Ausflug zu diesem Indoor-Spielplatz sind immer ein Erfolg. Auch in Marl und Oberhausen findet man einen Kinderplaneten. *Mo, Di, Mi, Fr 14–19.30 Uhr; Do, So 10–19.30 Uhr | Eintritt 2,10–3 Euro, Kinder 4,40–6,40 Euro | Castroper Str. 80 | Herne | Tel. 02323/38 43 00 | www.kidsplanet.tv*

LANDSCHAFTSPARK DUISBURG-NORD [130 C2]

Wo sind die Hunde? Was macht ein Fuchs im Hüttenwerk? Und was in aller Welt ist eine Ofensau? Diese Fragen und viele andere werden den Kindern hier beantwortet. *Führungen Sa, So u. an Feiertagen | Emscherstr. 71 | Duisburg | Tel. 0203/429 19 19 | www.landschaftspark.de | Kosten: 5 Euro, Kinder 3 Euro*

Wasserspiele im Grünen in den Revierparks

MONDO MIO [128 A5]

Willkommen auf dem Kinderplaneten Mondo Mio! Mit einem „Mondo-Pass" können Kinder an über 30 Spielstopps Themen wie Kommunikation, Musik, Wasser, Wind, Sonne, Stadt und Identität ergründen. Sehr beliebt sind die Kindergeburtstage! *Di–Fr 13.30–17, Sa/So 10–18 Uhr | Florianstr. 2 (Nähe Parkeingang Ruhrallee) | Dortmund | Tel. 0231/502 61 27 | Eintritt kostet nur der Westfalenpark | www.mondomio.io*

ZECHE HANNOVER [132 A1]

Wie eine Ritterburg sieht diese Zeche in Bochum aus. Die Zeit der Kohleförderung ist hier lange schon vorbei, aber Kinder können in der *Zeche Knirps* nebenan noch einmal alles nachspielen. Hier wird den Kids bei einer „Schicht" im Teamwork der Betrieb einer Zeche vermittelt. Alles en miniature: Mit Malakowturm, Schacht, Stollen, Förderanlage und einer Lorenbahn wird Kies statt Kohle gefördert. *Mai–Okt. Sa 14–18, So 11–18 Uhr | Günnigfelder Str. 251 | Bochum | Tel. 0234/610 08 74 | Eintritt frei | www.zeche-hannover.de*

ZOOLOGISCHE GÄRTEN IM RUHRGEBIET

Die *Zoom Erlebniswelt* in Gelsenkirchen [126 C6] präsentiert Tiere ohne sichtbare Barrieren. In der „Erlebniswelt Afrika" z. B. trifft Mensch auf Flusspferd – vom Boot aus. *Tgl. 9–17, 18, 18.30 Uhr (je nach Monat) | Bleckstr. 64 | Eintritt 11,50 Euro, Kinder 7,50 Euro | www.zoom-erlebniswelt.de*

Koalas: Die knuffigen Beuteltiere sind die coolen Stars des *Duisburger Zoos* [130 C3]. Viele Spielplätze! *Tgl.*

9–17.30 Uhr (im Winter bis 16 Uhr) | Mülheimer Str. 273 | Eintritt 11 Euro, Kinder 5,50 Euro | *www.zoo-duisburg.de*

Als „Park unter den Zoos" wirbt der *Dortmunder Zoo* [128 A6] für sich. Schwerpunkt ist die Tierwelt Südamerikas mit dem Amazonashaus. *Tgl. 9–18.30 Uhr (im Winter bis 16.30 Uhr) | Mergelteichstr. 80 | Eintritt 7,50 Euro, Kinder (6–17 J.) 4 Euro | www.dortmund.de/zoo*

HAGEN UND DER SÜDOSTEN

MUTTENTAL [132 C3]

„Das Geheimnis des schwarzen Diamanten" lüften können Kindergruppen im Muttental in Witten, in der uralten *Zeche Nachtigall*. Die Atmosphäre unter Tage kann man im 130 m langen Stollen nachempfinden. *April–Nov. Di–So 10–18 Uhr | Nachtigallstr. 35 | Witten | Tel. 02302/ 93 66 40 | Eintritt 2,40 Euro, Kinder 1,50 Euro | www.zeche-nachtigall.de*

HAMM UND DER NORDEN

CIRCUS TRAVADOS [128 C4]

Kinder in der Manege! Hier werden artistische Fähigkeiten ausprobiert und vorgeführt. Programme, Kursangebote und Preise dafür sowie Termine für einen Blick hinter die Kulissen können Sie unter *Tel. 02303/ 685 86* erfragen. *Kurpark 10 | Unna | www.travados.net*

SCHIFFSHEBEWERK HENRICHENBURG [127 E4]

Käpt'n Henri ist ein erfahrener Binnenschiffer und begleitet die kleinen Besucher als Comicfigur durch die Ausstellung. Besonders spannend

Wunderwelt hinter Glas in den Revierzoos

wird es auf den alten Schiffen, die vor Ort ankern. Käpt'n Henri hält auch anschauliche Modelle bereit, die das alte Schiffshebewerk erklären. *Di–So 10–18 Uhr | Am Hebewerk 2 | Waltrop | Eintritt 3,50 Euro, Kinder 2 Euro | www.schiffshebewerk-henrichenburg.de*

DER WESTEN

WALDSPIELPLATZ ALPEN-BÖNNINGHARDT [124 C5]

In einem kleinen Wäldchen zwischen alten Bäumen liegt diese „Spieloase" – die Klassiker wie Schaukeln, Sandkasten und Klettergerüste stehen neben einem Grillplatz, auf dem die Eltern ihre Sprösslinge verköstigen können. *Von-Laer-Str./Ecke Bönninghardter Str. | Alpen*

> VON ANREISE BIS WETTER

Urlaub von Anfang bis Ende: die wichtigsten Adressen und Informationen für Ihre Reise ins Ruhrgebiet

▰ ANREISE ▰

Verschiedene Wege führen ins Ruhrgebiet: Natürlich sind alle großen Ruhrgebietsstädte an die Hauptachsen des Schienenverkehrs angeschlossen. Wer nicht so klimaschonend anreisen kann, hat z. B. via *www.atmosfair.de* die Gelegenheit, Klimaprojekte zu unterstützen. Wer möglichst viel in kurzer Zeit sehen und auch abends zeitunabhängig mobil bleiben möchte, wird – trotz regelmäßiger Staus im Berufsverkehr – vorzugsweise mit dem Auto anreisen. Die Anreise aus der Luft ist am Flughafen Dortmund-Holzwickede zu Ende – außerdem liegt der Düsseldorfer Flughafen nur gut 15 Autominuten vom südlichen Ruhrgebiet entfernt.

▰ AUSKUNFT ▰

Zentraler Reiseanbieter für das Ruhrgebiet: *Ruhr Tourismus GmbH | Centroallee 261 | 46047 Oberhausen | Tel. 0208/89 95 90 | www.ruhr-tourismus.de*. Hier gibt es auch die „RuhrCard", die viele Ermäßigungen in diversen Einrichtungen und im öffentlichen Nahverkehr gewährt.

Weitere Auskünfte vor Ort: *Besucherzentrum Ruhr | Zeche Zollverein, Kohlenwäsche | Gelsenkirchener Str. 181 | 45309 Essen | Tel. 0201/24 68 10 | www.route-industriekultur.de*

> WWW.MARCOPOLO.DE

Ihr Reise- und Freizeitportal im Internet!

> Aktuelle multimediale Informationen, Insider-Tipps und Angebote zu Zielen weltweit ... und für Ihre Stadt zu Hause!

> Interaktive Karten mit eingezeichneten Sehenswürdigkeiten, Hotels, Restaurants etc.

> Persönliche Merkliste: Speichern Sie MARCO POLO Tipps, ergänzen Sie Ihre Notizen und drucken sie für die Reise aus!

> Inspirierende Bilder, Videos und Reportagen aus fernen Ländern und quirligen Metropolen!

> Bewertungen, Tipps und Beiträge von Reisenden in der lebhaften MARCO POLO Community: *Jetzt mitmachen und kostenlos registrieren!*

> Praktische Services wie Routenplaner, Event-Kalender und Fotoservice mit MARCO POLO Reisefotobüchern!

> Gewinnspiele mit attraktiven Preisen!

Abonnieren Sie den kostenlosen MARCO POLO Newsletter ... wir informieren Sie 14-täglich über Neuigkeiten auf www.marcopolo.de

 > MARCO POLO speziell für Ihr Handy! Zahlreiche Informationen aus den Reiseführern, Stadtpläne mit 100 000 eingezeichneten Zielen, Routenplaner und vieles mehr: *mobile.marcopolo.de* (auf dem Handy); *www.marcopolo.de/mobile* (Demo und mehr Infos auf der Website)

PRAKTISCHE HINWEISE

AUTO

Ein Streifzug durch die Region ist am besten mit dem eigenen Wagen zu bewältigen, vorausgesetzt, man stattet sich mit einem guten, detaillierten Ruhrgebietsplan aus. Zwei Dinge sind dann zu beachten – erstens: Drei Ost-West-Autobahnen durchziehen das Ruhrgebiet, die A 2 ganz im Norden, in der Mitte die A 42 (Emscherschnellweg) und im Süden die A 40 (Ruhrschnellweg). Nord-Süd-Verbindungen gibt es auch: A 59, A 3, B 224, A 43 (von Ost nach West). Dieses „Karomuster" sollten Sie sich am besten einprägen. Zweitens: nie zur Rushhour auf die A 40 fahren! Wer die Möglichkeit hat, informiert sich vorher: *www.autobahn.nrw.de*

BED & BREAKFAST

In Bochum, Dortmund und Essen gibt es zentrale Vermittlungsstellen. Diese alternative Unterkunftsmöglichkeit ist im Ruhrgebiet noch nicht alt, erfreut sich aber zunehmender Beliebtheit:
– *Bed & Breakfast Ruhr | Bochum | Tel. 0234/938 06 50 | Fax 938 06 51 | www.bedandbreakfastruhr.de*
– *Tietz & Schmitt | Essen | Tel. 0201/ 38 12 48 | Fax 838 52 07 | www.bed andbreakfast-in-essen.de*

CAMPING

Auskünfte über alle Campingplätze – meist an den Kanälen oder an der Ruhr gelegen – gibt die *Ruhr Tourismus GmbH* (s. „Auskunft").

Auch auf „Rolling Homes" ist das Ruhrgebiet eingerichtet, zum Beispiel im ganzjährig geöffneten *Mobilcamp Gelsenkirchen:* Treffpunkt für Reisemobilisten im Schatten der

WAS KOSTET WIE VIEL?

FAHRRAD	**CA. 7 EURO**	Leihgebühr pro Tag
LAHMACUN	**CA. 3 EURO**	für die türkische Pizza
POMMES	**1,10 EURO**	für die kleine Portion
HALLENBAD	**4 EURO**	für den Eintritt
PARKEN	**1,50 EURO**	im City-Parkhaus
BIER	**2,40 EURO**	für 0,3 l vom Fass

Veltins-Arena, gut ausgestattet, mitten in viel Grün gelegen. *60 Stellplätze | Adenauerallee 100 | Gelsenkirchen | Tel. 0176/78 56 98 29 | Fax 977 62 86 | www.mobilcamp.de*

FAHRRÄDER

An vielen Ruhrgebietsbahnhöfen finden Sie Radstationen, an denen Sie Räder ausleihen können: Mülheim-Styrum, Hamm, Oberhausen, Wanne-Eickel, Castrop-Rauxel, Bottrop, Gladbeck, Kamen, Witten, Essen, Dorsten. Information zu den Radstationen, ihren Öffnungszeiten und ihren Angeboten erhalten Sie vom *ADFC | Tel. 0211/687 08 15 | Fax 687 08 20 | www.radstation.nrw.de.*

In der *Revier-Rad-Zentrale* am Hbf. Mülheim können Sie Räder fürs ganze Revier mieten: *Tel. 0208/ 848 75 20 | www.revierrad.de*

▓▓ INTERNET ▓▓▓

www.metropoleruhr.de: allgemeine und wichtige Infos zum Ruhrgebiet, zu Touren und kulturellen Veranstaltungen

– *www.ruhr-guide.de:* Online-Magazin. Übersicht über Veranstaltungen und kulturelle Highlights

– *www.kultur-im-ruhrgebiet.de:* Kulturinfos

– *www.lichtkunst-unna.de:* Auskunft über das, was es nachts im Ruhrgebiet zu entdecken gibt

– *www.ruhrtriennale.de:* Veranstaltungskalender zum Kulturfestival

– *www.reviersport.de:* Zum Smalltalk im Ruhrgebiet braucht man ein paar aktuelle Fußballinfos!

– *www.revierkoenig.de:* Erlebnisgeschenke rund ums Ruhrgebiet

– *www.sportplatz-ruhrgebiet.de:* Breitensport oder Frauenfußball-WM – aktuelle Infos über Top-Themen

– *www.ruhrgebiet-fuer-lau.de:* Infos über Events zum Nulltarif

▓▓ INTERNETCAFÉS ▓▓▓

In fast jeder Stadt gibt es ein recht gutes Angebot, Informationen finden Sie im virtuellen Branchenbuch *www.portal-ruhr.de.*

▓▓ KARTEN ▓▓▓

Für Radler und Wanderer gibt es zwei ausgezeichnete Kartenbüchlein: *Emscher Park Radweg – Radwanderkarte durch Landschaft und Industriekultur des Ruhrgebiets,* herausgegeben vom Regionalverband Ruhr, und *Emscher Park Wanderweg* von M. Thiesis; beide im Buchhandel erhältlich.

WETTER IM RUHRGEBIET

Jan.	Feb.	März	April	Mai	Juni	Juli	Aug.	Sept.	Okt.	Nov.	Dez.
4	5	10	15	19	22	24	23	20	15	9	5
Tagestemperaturen in ºC											
–1	–1	2	5	8	11	13	13	10	6	3	1
Nachttemperaturen in ºC											
1	2	4	6	7	6	6	5	5	3	2	1
Sonnenschein Std./Tag											
13	12	9	9	10	10	12	13	11	11	12	13
Niederschlag Tage/Monat											

PRAKTISCHE HINWEISE

ÖFFENTLICHE VERKEHRSMITTEL

Kultur-Sightseeing auf Schienen: Rund 60 Sehenswürdigkeiten auf 17 km Straßenbahn-Strecke bietet die Essener *Kulturlinie 107.* Auskunft und Fahrpläne: *Essener Verkehrs-AG | Tel. 0201/82 60 | www.kulturlinie107.de*

Eine hervorragende Ost-West-Verbindung auf der Schiene ist die *Köln-Mindener Eisenbahn-Linie,* die in den 1840er-Jahren gebaut wurde: Heute dient sie zwischen Oberhausen, Essen, Gelsenkirchen, Bottrop, Castrop-Rauxel, Dortmund und Hamm dem öffentlichen Nahverkehr. An den meisten dieser Bahnhöfe können Sie Fahrräder ausleihen.

Auskunft und Fahrpläne: *Verkehrsverbund Rhein-Ruhr (VRR) | Augustastr. 1 | Gelsenkirchen | Tel. 0209/158 44 10 | www.vrr.de*

PREISE

Mit den meisten seiner Preise liegt das Ruhrgebiet im Durchschnitt von Nordrhein-Westfalen. Aber: Innerhalb des Reviers gibt es Unterschiede zwischen Nord und Süd. Lebensmittel und Nonfood-Produkte erreichen im Süden schon Düsseldorfer Niveau. Wer auf Schnäppchenjagd gehen will oder viel für wenig Geld essen möchte, sollte sich im Norden umschauen.

Die Eintrittspreise für öffentliche Einrichtungen wie Museen und Schwimmbäder sind in allen Städten des Ruhrgebiets ähnlich. Eine Ausnahme machen die großen Spaßbäder und Freizeitparks (Preise bis zu 20 Euro) mit ihrem sehr breit gefächerten Angebot.

REISEVERANSTALTER

Jedes Jahr gibt der *Regionalverband Ruhr* umfangreiche Publikationen mit Angeboten zu Ausflügen und Tagestouren heraus. *Regionalverband Ruhr | Tel. 0201/206 03 56 | Fax 206 93 32 | www.metropoleruhr.de/regionalverband-ruhr*

Dortmund: die Uni-Schwebebahn

Einige qualifizierte Tourenanbietern haben sich im Ruhrgebiet etabliert. Hier können Sie auch Ihren persönlichen Fremdenführer buchen:
– *Agentur Zeitsprung | Kokerei Zollverein, Tor 3 | Arendahlswiese | Essen | Tel. 0201/28 95 80 | Fax 289 58 18 | www.zeitsprung-agentur.de*
– *ConTour | Ferdinandstr. 57 | Oberhausen | Tel. 0208/629 49 03 | Fax 62 91 99 39 | www.contour-ruhr.de*
– *Tour de Ruhr | Emscherstr. 71 | Duisburg | Tel. 0203/429 19 19 | Fax 429 19 45 | www.tour-de-ruhr.de*

REISEZEIT

Von April bis Anfang Oktober ist im Revier am meisten los: Zahlreiche kulturelle Veranstaltungen gehen an den Stätten der alten Industrie über die Bühne.

Denkmal „Steile Lagerung", Essen

> ## UNTERWEGS IM RUHRGEBIET

Die Seiteneinteilung für den Reiseatlas finden Sie auf
dem hinteren Umschlag dieses Reiseführers

REISE
ATLAS

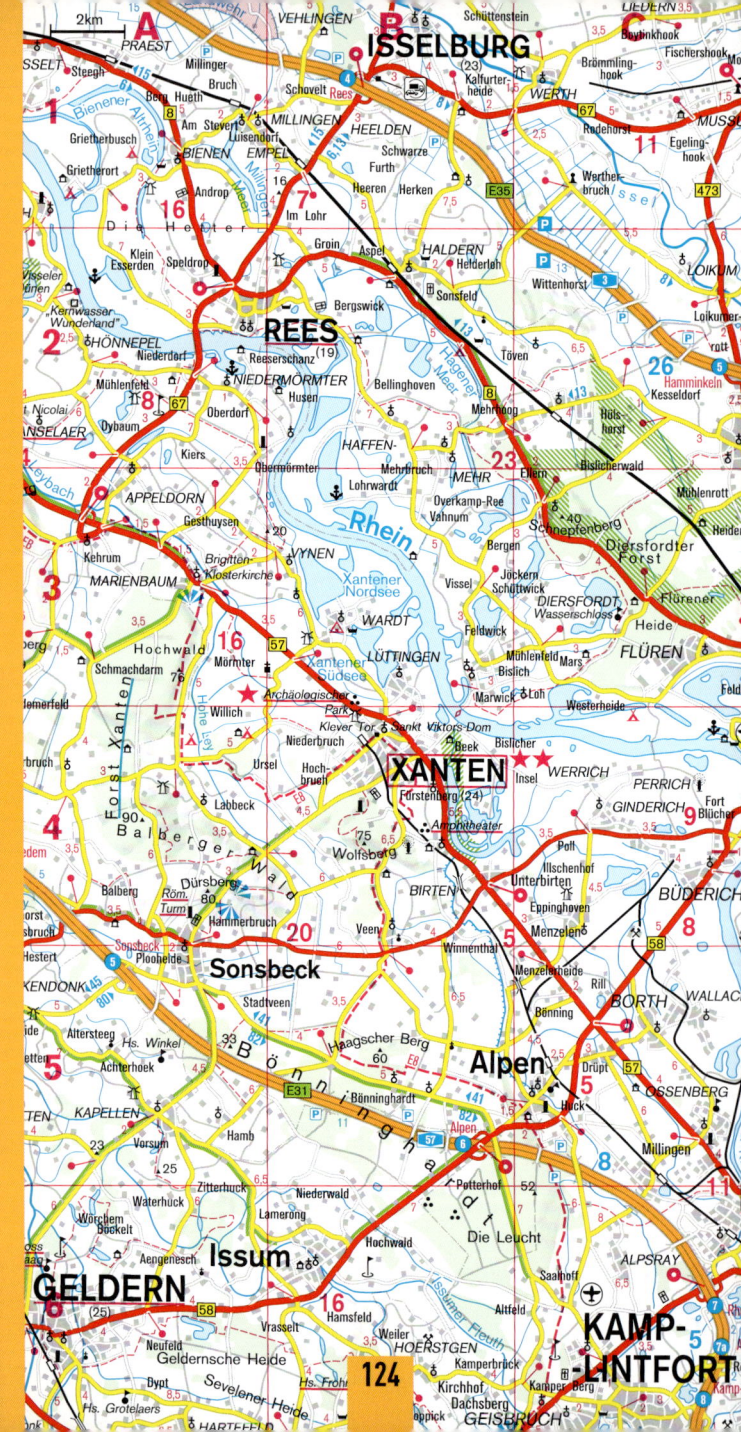

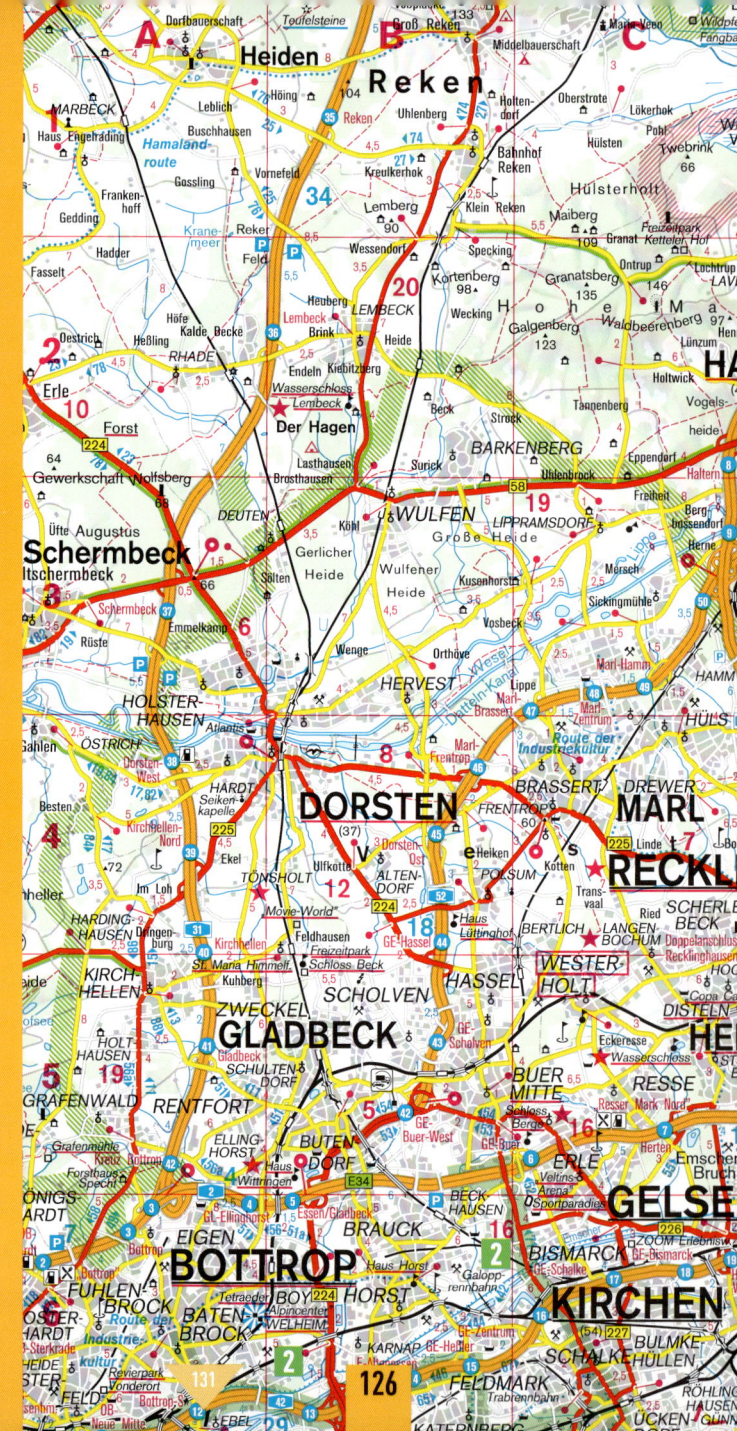

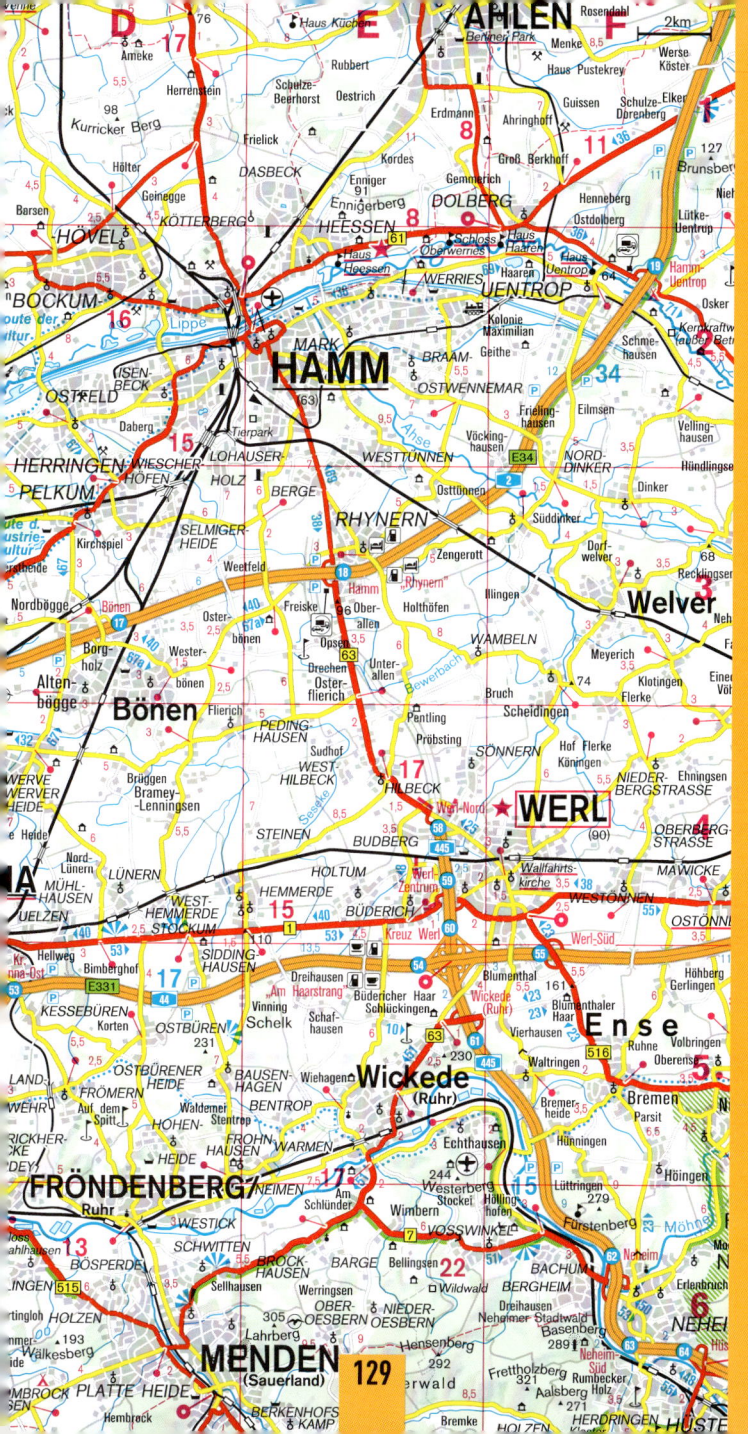

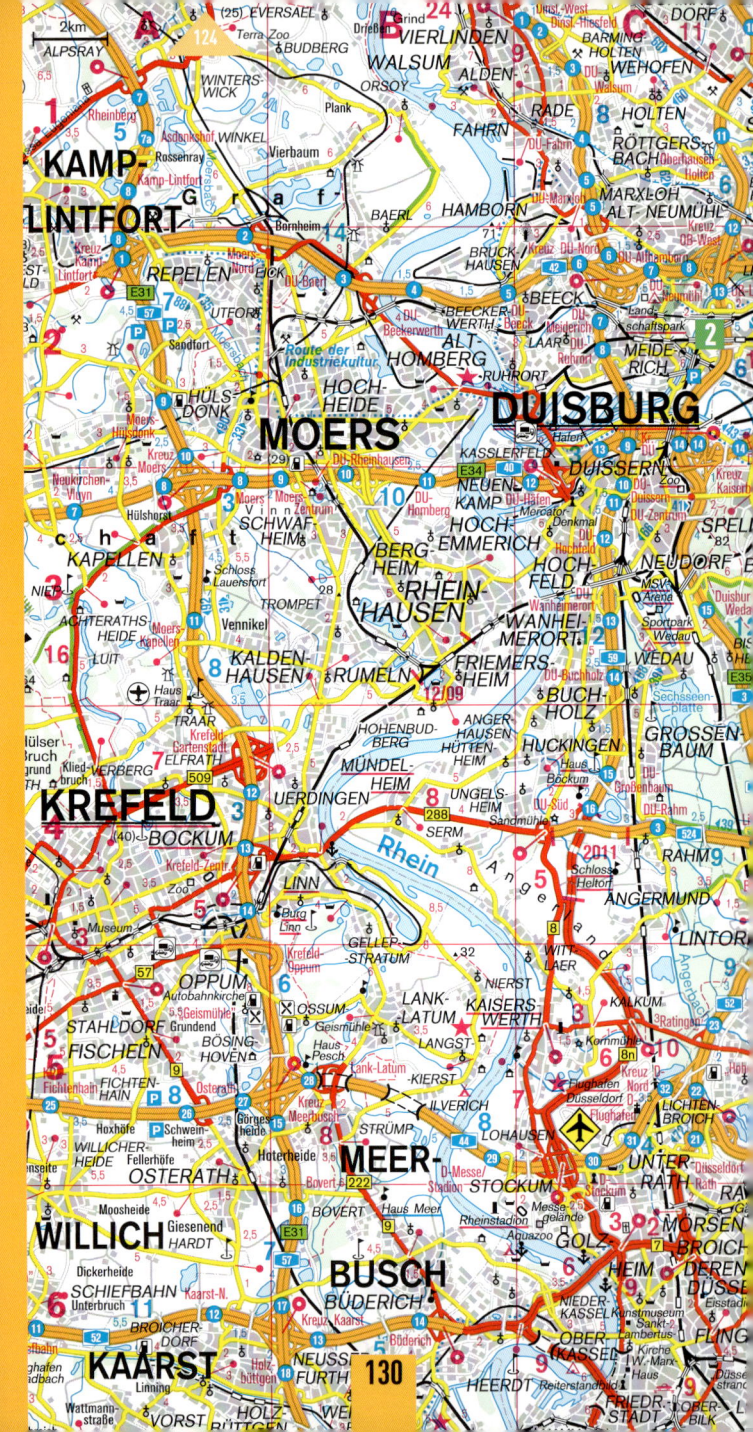

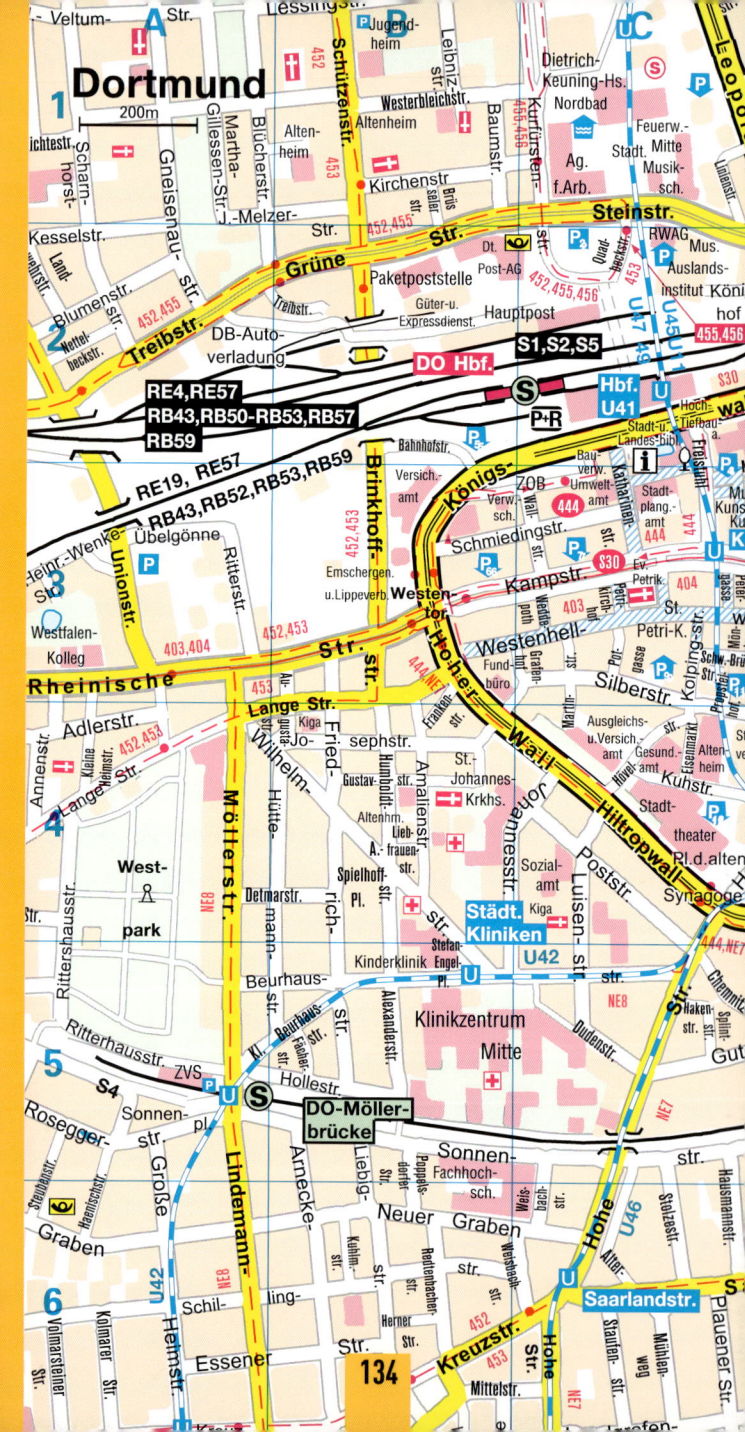

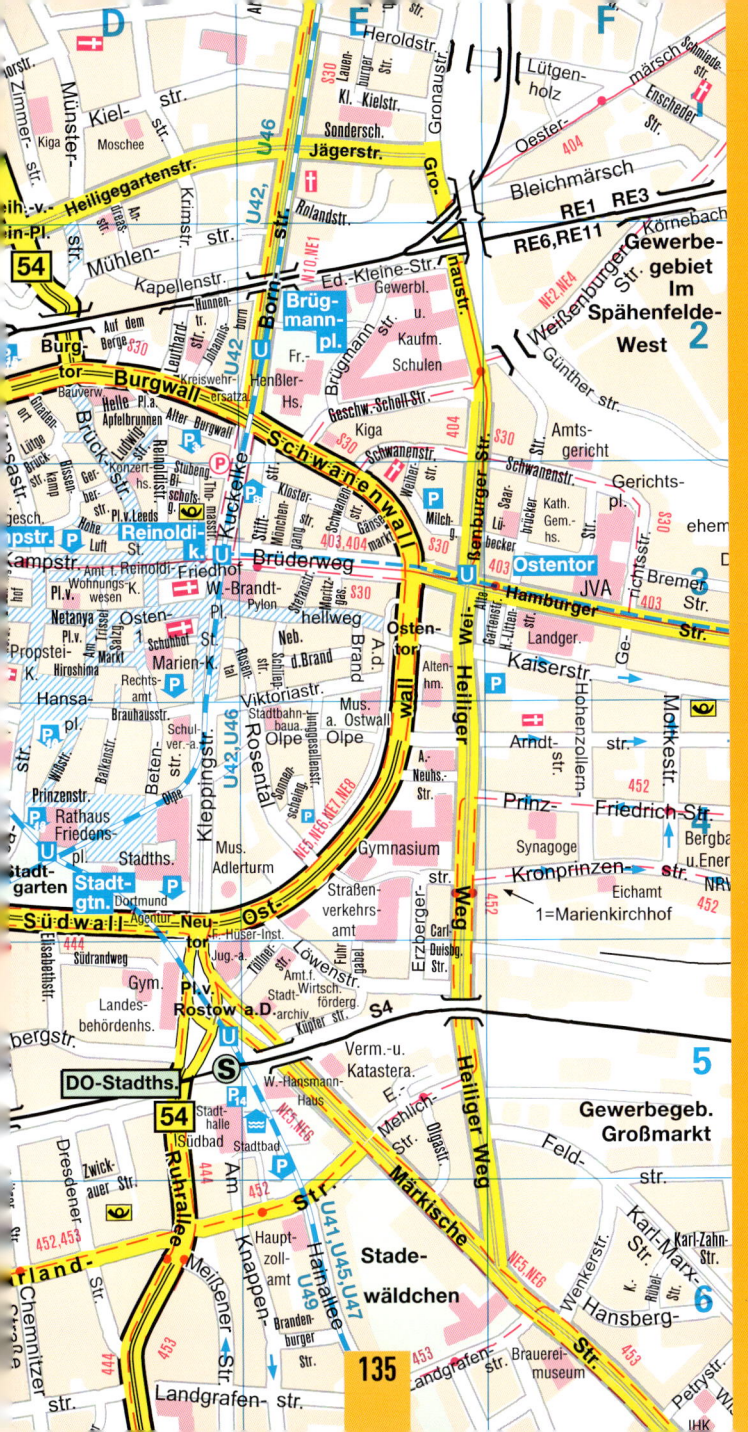

KARTENLEGENDE

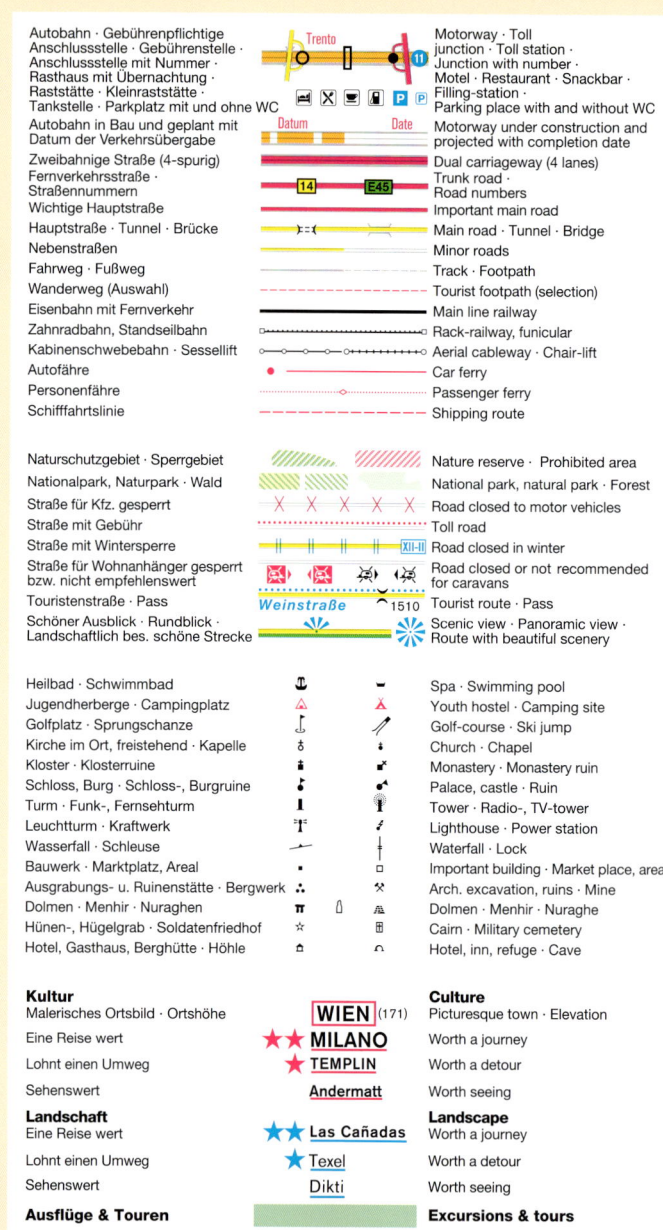

Autobahn · Gebührenpflichtige Anschlussstelle · Gebührenstelle · Anschlussstelle mit Nummer · Rasthaus mit Übernachtung · Raststätte · Kleinraststätte · Tankstelle · Parkplatz mit und ohne WC	Motorway · Toll junction · Toll station · Junction with number · Motel · Restaurant · Snackbar · Filling-station · Parking place with and without WC
Autobahn in Bau und geplant mit Datum der Verkehrsübergabe	Motorway under construction and projected with completion date
Zweibahnige Straße (4-spurig)	Dual carriageway (4 lanes)
Fernverkehrsstraße · Straßennummern	Trunk road · Road numbers
Wichtige Hauptstraße	Important main road
Hauptstraße · Tunnel · Brücke	Main road · Tunnel · Bridge
Nebenstraßen	Minor roads
Fahrweg · Fußweg	Track · Footpath
Wanderweg (Auswahl)	Tourist footpath (selection)
Eisenbahn mit Fernverkehr	Main line railway
Zahnradbahn, Standseilbahn	Rack-railway, funicular
Kabinenschwebebahn · Sessellift	Aerial cableway · Chair-lift
Autofähre	Car ferry
Personenfähre	Passenger ferry
Schifffahrtslinie	Shipping route
Naturschutzgebiet · Sperrgebiet	Nature reserve · Prohibited area
Nationalpark, Naturpark · Wald	National park, natural park · Forest
Straße für Kfz. gesperrt	Road closed to motor vehicles
Straße mit Gebühr	Toll road
Straße mit Wintersperre	Road closed in winter
Straße für Wohnanhänger gesperrt bzw. nicht empfehlenswert	Road closed or not recommended for caravans
Touristenstraße · Pass	Tourist route · Pass
Schöner Ausblick · Rundblick · Landschaftlich bes. schöne Strecke	Scenic view · Panoramic view · Route with beautiful scenery
Heilbad · Schwimmbad	Spa · Swimming pool
Jugendherberge · Campingplatz	Youth hostel · Camping site
Golfplatz · Sprungschanze	Golf-course · Ski jump
Kirche im Ort, freistehend · Kapelle	Church · Chapel
Kloster · Klosterruine	Monastery · Monastery ruin
Schloss, Burg · Schloss-, Burgruine	Palace, castle · Ruin
Turm · Funk-, Fernsehturm	Tower · Radio-, TV-tower
Leuchtturm · Kraftwerk	Lighthouse · Power station
Wasserfall · Schleuse	Waterfall · Lock
Bauwerk · Marktplatz, Areal	Important building · Market place, area
Ausgrabungs- u. Ruinenstätte · Bergwerk	Arch. excavation, ruins · Mine
Dolmen · Menhir · Nuraghen	Dolmen · Menhir · Nuraghe
Hünen-, Hügelgrab · Soldatenfriedhof	Cairn · Military cemetery
Hotel, Gasthaus, Berghütte · Höhle	Hotel, inn, refuge · Cave

Kultur / Culture

Malerisches Ortsbild · Ortshöhe	WIEN (171)	Picturesque town · Elevation
Eine Reise wert	★★ MILANO	Worth a journey
Lohnt einen Umweg	★ TEMPLIN	Worth a detour
Sehenswert	Andermatt	Worth seeing

Landschaft / Landscape

Eine Reise wert	★★ Las Cañadas	Worth a journey
Lohnt einen Umweg	★ Texel	Worth a detour
Sehenswert	Dikti	Worth seeing

Ausflüge & Touren	Excursions & tours

FÜR IHRE NÄCHSTE REISE
gibt es folgende MARCO POLO Titel:

REGISTER

In diesem Register sind alle in diesem Führer erwähnten Orte und Ausflugsziele verzeichnet. Halbfette Seitenzahlen verweisen auf den Haupteintrag, kursive auf ein Foto.

> *www.marcopolo.de/ruhrgebiet*

> SCHREIBEN SIE UNS!

Liebe Leserin, lieber Leser,

wir setzen alles daran, Ihnen möglichst aktuelle Informationen mit auf die Reise zu geben. Dennoch schleichen sich manchmal Fehler ein – trotz gründlicher Recherche unserer Autoren/innen. Sie haben sicherlich Verständnis, dass der Verlag dafür keine Haftung übernehmen kann.

Wir freuen uns aber, wenn Sie uns schreiben.

Senden Sie Ihre Post an die MARCO POLO Redaktion, MAIRDUMONT, Postfach 31 51, 73751 Ostfildern, info@marcopolo.de

IMPRESSUM

Titelbild: Gelsenkirchen, Zeche, Stilllegung (Laif: Jonkmanns)
Fotos: ART-Isotope: Axel Schöber (14 u.); Hans Blossey (14 o.); Sven Decker: Philipp C. Stangl (12 u.); © fotolia.com: CARTAGENA (109 M. r.), małgorzata bryndza (108 o. l.), Steve Lovegrove (15 M.), Mikel Wohlschlegel (108 u. r.); R. Freyer (3 l., 4 l., 46, 71, 82, 86, 88, 89, 121); R. M. Gill (2 l., 32); A. Hamm (142); HB Verlag: Hackenberg (4 r., 63, 79, 98), Lueger (5, 8/9, 11, 16/17, 19, 22, 35, 42/43, 53, 58/59, 64, 72, 95, 110/111, 113, 117, 122/123); Hotel Haus Duden (100); Huber: Alfeld (74/75), Klaes (6/7, 81, 114/115), Kornblum (24/25, 41), Schmid (29, 96/97); Internationale Lichtkunst: W. Hannappel (92/93); KletterMAX (108 M. l.); Kulturvergnügen (109 o. l.); Kunstmarkt Herten (28); Laif: Bungert (91), Gaasterland (49, 104/105), Jonkmanns (1); Look: TerraVista (76), Wohner (30/31, 66/67); R. Lueger (U. l., U. M., U. r., 2 r., 3 M., 3 r., 20, 23, 26, 27, 28/29, 37, 39, 44, 51, 55, 57, 60, 68, 85, 103, 107, 116); LWL-Industriemuseum: Annette Hudemann (108 M.r.); maritimo Oer-Erkenschwick: DH-Studio Dirk Holst (13 o.); New Islands (109 u. r.); Restaurant Impression: Bianca Killmann, Brust & Keule (15 u.); Ruhr-Triennale: H.-P. Hüster (22/23); Niko Synnatzschke (12 o.); Theater Fletch Bizzel: Horst Hanke-Lindemann (109 M. l); Westfälisches Literaturbüro in Unna e.V.: Nils Marten (15 o.); Zirkeltraining® by Bernd Dörr Recycling Goods: Maria Brinkop (13 u.)

4., aktualisierte Auflage 2011
© MAIRDUMONT GmbH & Co. KG, Ostfildern
Chefredaktion: Michaela Lienemann (Konzept, CvD), Marion Zorn (Konzept, Textchefin)
Autorinnen: Anette Kolkau, Delia Bösch; Bearbeitung: Andrea Hamm; Redaktion: Arnd M. Schuppius
Programmbetreuung: Silwen Randebrock; Bildredaktion: Barbara Schmid, Gabriele Forst
Szene/24h: wunder media, München
Kartografie Reiseatlas: © MAIRDUMONT, Ostfildern
Innengestaltung: Zum goldenen Hirschen, Hamburg; Titel/S. 1–3: Factor Product, München

Andrea Hamm wohnt mit Unterbrechungen seit vielen Jahren im Ruhrgebiet und ist besonders gern mit ihrem Hund auf Revier-Tour.

Wieso leben Sie im Ruhrgebiet?

Ich bin hier geboren und aufgewachsen – hier zu wohnen, war für mich kein Muss, aber nach dem Studium in Süddeutschland und Auslandsaufenthalten in den USA, Australien und Neuseeland fand ich das Ruhrgebiet als Standort in „old Germany" völlig okay.

Wie geht es Ihnen dort?

Am besten gut! Die Mentalität ist natürlich mein Ding, die direkte Art des Umgangs und den ganz speziellen Humor habe ich in anderen Teilen der Republik mitunter vermisst. Und dann ist das eine total spannende Region: kulturell ein riesiges Angebot mit Theater, Ausstellungen, Konzerten – oft präsentiert an ungewöhnlichen Locations. Dazu Natur satt: Man kann an Kanälen, Flüssen oder im Wald herrlich spazieren gehen.

Wie leben Sie genau?

Mit Freund und Hund in einer Wohnung mit Garten am Stadtrand im nördlichen Ruhrgebiet – da ist man sofort im Grünen, andererseits schnell in der Stadt oder auf der Autobahn. Hier geht idealerweise beides, Stadt und Land.

Was machen Sie beruflich?

Ich bin freie Journalistin, habe zusammen mit meinem Lebensgefährten ein Pressebüro und schreibe u. a. über Freizeit, Sport, Kultur – ich arbeite für Zeitungen, Zeitschriften, einen Online-Nachrichtendienst sowie für ein Wein-Magazin und mache Pressearbeit, z. B. für Kulturfestivals. Schwerpunktthema in meiner Arbeit ist oft das Ruhrgebiet – wie auch für meine beiden Kolleginnen Anette Kolkau und Delia Bösch, deren MARCO POLO Band „Ruhrgebiet" ich hier aktualisiert habe.

Was tun Sie in Ihrer Freizeit?

Gern gut essen, gemeinsam kochen und essen gehen mit Freund(en) ist mir wichtig – dazu gehört auch ein guter Wein. Neue Lokale entdecken und ausprobieren, am besten in Kombination mit Ausflügen oder Spaziergängen, macht mir Spaß. Und das große Kulturangebot der „Metropole Ruhr" nutze ich möglichst oft. Theater, Ausstellungen, Jazz – dafür fahre ich auch gern nach Duisburg, Bochum, Essen, Dortmund …

Mögen Sie die Ruhrgebietsküche?

Die gibt es so natürlich nicht, der Schmelztiegel Ruhrgebiet wurde kulinarisch geprägt von den Zuwanderern – das gibt eine spannende Vielfalt. Besonders gefällt mir, dass Köche in den letzten Jahren zunehmend Traditionelles mit Pfiff auf der Karte haben – da kann man das, was man aus Kindheitstagen als fad in Erinnerung hatte, neu entdecken.

10 € GUTSCHEIN
für Ihr persönliches Fotobuch*!

Gilt aus rechtlichen Gründen nur bei Kauf des Reiseführers in Deutschland und der Schweiz

SO GEHT'S: Einfach auf www.marcopolo.de/fotoservice/gutschein gehen, Wunsch-Fotobuch mit den eigenen Bildern gestalten, Bestellung abschicken und dabei Ihren Gutschein mit persönlichem Code einlösen.

Ihr persönlicher Gutschein-Code: mpz3mjy8vq

Zum Beispiel das MARCO POLO
FUN A5 Fotobuch für 7,49 €.

www.marcopolo.de/fotoservice/gutschein

> BLOSS NICHT!

Zum richtigen Umgang mit dem Revier und seinen Bewohnern

Dialekte nachmachen

Wenn Comedystars wie Dr. Ludger Stratmann, Herbert Knebel oder Atze Schröder die Sprache der Menschen im Ruhrgebiet nachmachen, klingt das oft komisch. Kommen Sie aber nicht auf die Idee, es ihnen nachzutun: Nicht jeder versteht diesen Spaß, und der Revierbewohner merkt sofort, dass nicht jeder, der „watt" statt „was" und „also äährlich" sagt, auch ein Eingeborener ist.

Fußball-Gespräche führen

Im Revier gibt es neben Schalke 04, Borussia Dortmund und dem VfL Bochum noch viele andere Traditionsvereine. Insbesondere in altdeutschen Kneipen werden hämische Kommentare von Fremden über den jeweiligen Heimatverein nicht gern gesehen. Wer in Dortmund Witze über Schalke macht, bekommt ein Bier ausgegeben. In Gelsenkirchen kann derselbe Witz ins Auge gehen. Also: Erst genau zuhören, bevor man sich in Fachgespräche einmischt.

Zechen suchen

Natürlich ist die Geschichte des Reviers von Kohle und Stahl bestimmt. Vielerorts stehen auch noch die alten Fördertürme. Aber bis auf wenige Ausnahmen ist das vorbei. Viele der Bergleute hat der Strukturwandel die Existenz gekostet, und sie sind deshalb nicht erfreut, wenn sie ständig gefragt werden, wo denn nun die ganzen Zechen hingekommen seien.

Schimanski-Tourist spielen

Jahrelang polterte Götz George alias Horst Schimanski als Tatort-Kommissar durch Duisburgs Schmuddelecken. Diese Ecken gibt es wirklich. Sie sind aber keine Kulisse, sondern hier leben Menschen. Und die finden es gar nicht nett, wenn sie von Auswärtigen als Statisten begafft werden.

Auf den ÖPNV verlassen

Metropole Ruhr: Das Angebot der Ruhrstädte in puncto Kultur und Freizeit stimmt – aber kommen Sie besser nicht auf die Idee, das z. B. abends mit dem ÖPNV zu nutzen. Wenn Sie zum Beispiel von Recklinghausen nach Dortmund mit dem Zug fahren, werden Sie sich mehr als einmal über Extra-Wartezeiten auf den Anschlusszug in Herne-Wanne „freuen", der Zug-Takt ist alles andere als metropolentauglich, und abends geht recht schnell gar nichts mehr. Die nächste Tour machen Sie garantiert wieder mit dem Auto.

Die A 40 zur Rushhour benutzen

Diese Autobahn heißt zwar Ruhrschnellweg, ist aber morgens und abends mit Sicherheit keiner. Die Pendlerströme im, ins und aus dem Ruhrgebiet sind extrem. Die Autobahn wird oft auch für nur ganz kurze Distanzen gewählt: eine oder zwei Abfahrten lang. Dass so ein Fahrverhalten „verstopft", ist klar. Also lieber vermeintliche Umwege fahren!